Susi Rieth

Geheimes Wissen aus dem Sanskrit

Jung und gesund durch Aktivierung der körpereigenen Energien

mvg

Die Deutsche Bibliothek – CIP-Einheitsaufnahme

Rieth, Susi:
Geheimes Wissen aus dem Sanskrit : jung und gesund durch
Aktivierung der körpereigenen Energien / Susi Rieth. –
Landsberg am Lech : mvg-verl., 1997
(mvg-Paperbacks ; 547)
ISBN 3-478-08547-0
NE: GT

Alle Ratschläge und Hinweise in diesem Buch wurden von Fachleuten sorgfältig erwogen und geprüft, doch kann keine Garantie oder Haftung für Auswirkungen und Folgeerscheinungen jeglicher Art übernommen werden. Bitte suchen Sie bei schwerwiegenden gesundheitlichen Problemen unbedingt Ihren Arzt oder Heilpraktiker auf, denn alle Therapievorschläge haben nur Beispielcharakter und müssen vom behandelnden Arzt an die jeweilige individuelle Situation angepaßt werden.

In Liebe für meine Kinder
und meinen Bruder

Titel der Originalausgabe: „Harmonieübungen"

Umschlaggestaltung: Schlotterer & Partner, München
Satz: Concept GmbH, Höchberg
Druck- und Bindearbeiten: Presse-Druck Augsburg
Printed in Germany 080 547/397402
ISBN 3-478-08547-0

Inhalt

Familie

Geheimnis Leben

Erwachsen werden

Die Wechseljahre der Frau

Harmonie als Altersmedizin

Vorwort

„Tue selbst viel mit Dir und dadurch für Dich selbst! Laß nicht alles von anderen an Dir tun!“

Dies könnte ein Motto für die Autorin gewesen sein, dieses Buch als Ratgeber und praktische Lebenshilfe zu schreiben.
Es ist daher nicht nur ein Buch für Yoga-Übungen, natürlich, das auch. Aber kluge, einfache Lebensregeln und viele persönliche Gedanken, auch in häßlichen Situationen unseres menschlichen Lebens bestehen zu können, machen die 13 Kapitel vom Aufwachsen des Menschen, von der Liebe, Sexualität, Schwangerschaft, Geburt, Familie und schließlich vom Altwerden reizvoll zu lesen. Immer ist ein hoher Anspruch zu spüren, dem Individuum auch in schwierigen Lebensabschnitten Hilfe geben zu können, den Weg zur eigenen Harmonie zu finden.
Im Mittelpunkt steht dabei das Dasein als Frau. Man merkt, daß das Buch von einer Frau geschrieben wurde. Das ist als Kompliment gemeint. Es ist nicht so sehr eben der Kopf, sondern das Herz, das angesprochen werden soll. Die Autorin hat dabei einfach und verständlich geschrieben. Susi Rieth gelingt es, einfühlsam und behutsam auch mit großen Themen des Lebens umzugehen. Sie wünscht sich, mit diesem Buch zur Nachdenklichkeit anzuregen.

Prof. Dr. med. Günther Kindermann

Kapitel I

Vollkommene Zustände

Mudras – Handübungen

Zweierlei Nahrung

1
Daumen berührt den Zeigefinger
bei Schlafstörungen und Kopfschmerzen

2
Daumen berührt den Mittelfinger
bei Ohrensausen, Aktivierung des Hörvermögens

3
Daumen berührt den Ringfinger
Verbesserung der Haut-, Nagel- und Haarstruktur

4
Daumen berührt den kleinen Finger
Aktivierung der Körperflüssigkeit

Was soll Yoga sein?

Yoga schenkt den Ausübenden Ruhe und innere Ausgeglichenheit. Es hilft heilen und weckt heitere Gedankenbilder durch die harmonischen Abläufe von *Konzentration – Atmung – Bewegung – Versunkenheit,* die jede Yogaposition auszeichnen.

Yoga soll keinen Artisten aus dem Übenden machen. Ebenso darf keine Yogaposition als schmerzhaft oder unangenehm empfunden werden. Jemand, der stolz darauf ist, sich in schwierigen und gesundheitsgefährdenden, Glieder verknüpfenden Yogapositionen darzustellen, ist nichts anderes als ein Gaukler. Wenn die Schöpfung es gewollt hätte, daß der Mensch sich verknoten soll wie ein Seil, hätte sie ihm den entsprechenden Körperbau gegeben.

Yoga soll den Übenden zu einer heiteren und sanftmütigen Lebenseinstellung führen und das Wohlbefinden des einzelnen vertiefen. Nur dann kann der Mensch wie ein Magnet „beglückende und erfolgreiche Lebensumstände“ an sich heranziehen, die ihm ein langes Leben in Gesundheit möglich machen.

Was bewirken die gezeigten Harmonieübungen?

Die gezeigten Übungen wurden bewußt ausgewählt, weil sie besonders ausgleichend und harmonisierend auf Geist

und Körper einwirken. Sie sind leicht und einfach auszuführen. Jeder kann sie ohne Anstrengung durchführen und ihre „tiefgreifende Wirkung" an sich selbst wahrnehmen.
Notwendig ist, daß immer nur durch die Nase ein- und ausgeatmet wird. Nicht tief und heftig – sondern langsam und ruhig. Das so bewußt ruhige Fließen der Atemluft beeinflußt alle Körperabläufe sehr günstig.
Atemluft, die ruhig durch die feinverzweigten Versorgungsstraßen des Körpers gelenkt wird, löst Verkrampfungen und Spannungen in körperlichen und geistigen Bereichen. Auch wird der *Gedankenstrom* durch die Atmung harmonisch mit dem *Körperstrom* zusammengeführt; er wird so zum *Mächtigen Lebensstrom* (Prana), der vor allen gefährdenden Zugriffen von innen und außen schützt.
Man kann selbst dazu beitragen, daß der *Lebensstrom* immer für Wohlbefinden sorgt, indem man sich bewußt macht, daß jeder selbst für die Ernährung seiner geistigen und körperlichen Anforderungen mitverantwortlich ist.

Zweierlei Nahrung

Um sich immer heiter und sicher, frei und zufrieden zu fühlen, müssen die folgenden 10 Fragen ehrlich beantwortet werden.

a) Geistige Nahrung

1. Was hast du heute – Schönes gesehen?
2. Was hast du heute – Angenehmes gehört?
3. Was hast du heute – Anregendes gerochen?
4. Was hast du heute – Köstliches geschmeckt?
5. Was hast du heute – zärtlich berührt?

b) Körperliche Nahrung

1. Wie hast du deinen Körper mit Atemluft – ernährt?
2. Was hast du reines Erfrischendes – getrunken?
3. Was hast du Natürliches, Bekömmliches – gegessen?
4. Wie hast du deinen Körper unterstützend – bewegt?
5. Wie hast du deinen Körper unterstützend – entspannt?

Geist und Körper ergänzen sich wie Tag und Nacht – Wachsein und Schlaf – Männliches und Weibliches.
Geistige und körperliche Nahrung wird aufgenommen, in Energie umgewandelt und durch feinverzweigte Versorgungsstraßen harmonisch verteilt.

Den *sichtbaren materiellen Körper* ernährt man mit *Atemluft, Wasser und Nahrung.* Ohne *Atemluft* kann man nicht 2 Minuten leben, ohne *Wasser* einige Tage, ohne *Nahrung* einige Wochen. In dieser „Reihenfolge" sollte die tägliche „Nahrungsaufnahme" für den *materiellen Körper* gesehen werden.

Den *unsichtbaren geistigen Körper* ernährt man mit angenehmen *Sinneseindrücken,* mit aufbauenden *Empfindungen* und schöpferischen *Gedankengängen.*

In dieser „Reihenfolge" soll die tägliche „Nahrungsaufnahme" für den *Geistigen Körper* ablaufen.
Ergänzt sich die geistige Nahrungsaufnahme mit der körperlichen Nahrungsaufnahme zu bewußter Bewegung und Entspannung, dann zeigen alle *Verkehrsampeln* in den feinverzweigten Versorgungsstraßen auf *„Grün"*, ein körperliches Wohlgefühl ist erreicht.
Um diesen Zustand des Wohlbefindens zu erlangen, wirst du nach Möglichkeit versuchen, Heiteres und Aufbauendes über die 5 Sinne wahrzunehmen. Vor lauten, ängstli-

chen, unfreundlichen und häßlichen Gedankenempfindungen wirst du dich, so gut du kannst, abwenden. Die gleiche Menge positiver geistiger und körperlicher Nahrung aufzunehmen, ist die größte Garantie, um gesund und jung zu bleiben.
Schlechte Luft, Wasser, Nahrung machen krank. Ebenso abwertende und gewöhnliche Gedankenbilder. Und wie du verdorbene Nahrung ablehnen wirst, wirst du auch negative Gedankeneindrücke abwehren, wenn du weißt, daß sie dich krank machen. Freue dich über das Lächeln, über die Fröhlichkeit und die gütigen Taten der Menschen. Die unfreundlichen Gesichter und Verhaltensweisen versuche zu übersehen und zu verzeihen. Gedankliche Ausgeglichenheit ist die sicherste Kapitalanlage für persönliches Wohlbefinden und einen erfolgreichen Lebensweg. Ein gesundes, zufriedenes Leben beginnt immer in deinem Kopf. Denn dort nimmt alles, was *„ein Gedanke war"*, Gestalt an. Denke nicht nur mit dem Verstand, sondern auch manchmal mit dem Herzen. Und denke, daß es *„der Sinn des Lebens ist"*, daß du dich bemühst, jede Stunde deines Daseins zu deiner Glücklichsten zu gestalten.

Disharmonie führt zu Spannungen

Wenn zwischen dem Nahrungsangebot für den geistigen und für den materiellen Körper kein Gleichgewicht mehr herrscht, führt das zu einer geistigen Anspannung, die sich über die Versorgungsstraßen im Körper verteilen und so die Grundlage für psychosomatische Störungen bilden kann.

Es entwickeln sich Ängste, Mißstimmungen, Unlust und Aggressivität. Später folgen Verspannungen von Muskelgruppen im Nacken, Rücken und Beckenbereich. Der Körper zeigt damit ummißverständlich, daß die Harmonie und das Gleichgewicht zwischen geistiger und körperlicher Nahrung so schnell wie möglich wieder hergestellt werden muß.
Man versucht, sich allen abbauenden und unangenehmen Erlebnissen und Eindrücken zu entziehen, ohrenbetäubende Musik aus seinem Umfeld zu verbannen und keiner wie immer gearteten schlechten und deprimierenden Nachricht der Presse sein Gehör zu schenken.
Solange man nicht wieder vollkommen gesund und ausgeglichen ist, muß alle Energie eingesetzt werden, um sich bewußt erfreulichen Erlebnissen und Eindrücken zuwenden zu können. Alle Gedankenkraft und Disziplin ist notwendig, wenn man vollkommen gesund bleiben möchte.
Um dies zu ermöglichen, möchte ich jetzt vier Handpositionen zeigen, mit denen es auf einfachste Art gelingt, die körpereigenen Energieströme zu harmonisieren.

Erklärung der vier Mudras (Handpositionen)

Die vier gezeigten Handpositionen bringen die *Geistigen Zentren* miteinander in Einklang. Die geistigen Zentren sind: *Hirngeflecht – Rachengeflecht – Herzgeflecht – Nabelgeflecht – Nierengeflecht – Beckengeflecht.*
Jede gezeigte Handposition kann sitzend oder liegend geübt werden, solange bis sie als angenehm beruhigend empfunden wird. Jede Handposition ist eine sichere und natürliche Möglichkeit, um die genannten Zentren miteinander in Harmonie zu vereinen.

Möchtest du eine Mudra nicht nur zur Vorbeugung üben, sondern gegen bereits vorhandene Beschwerden einsetzen, muß die gewählte Handposition täglich 30 – 45 Minuten ausgeführt werden. Es dauert seine Zeit, bis die blockierenden *Roten Ampeln* auf *Grüne, frei fließende Ampeln* umgeschaltet werden können. Erfolge können sehr bald, aber auch erst nach Monaten eintreten.

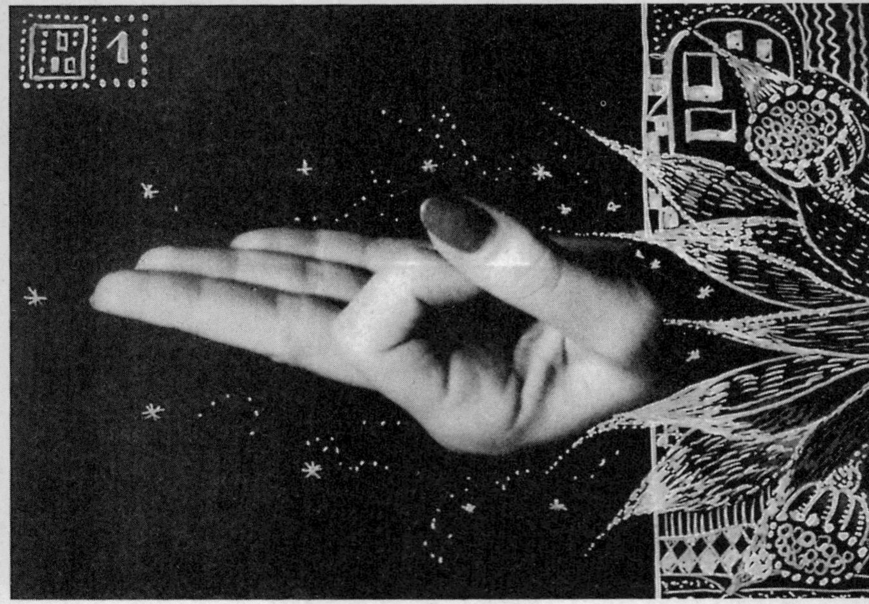

1. Mudra – Daumen berührt den Zeigefinger

Vitale Energie, der Tastsinn, Nervensystem und Gehirn werden stimuliert. Durch regelmäßiges Praktizieren dieser Handposition werden Schlaflosigkeit, Gedächtnismangel und Depressionen behoben. Erhöht die Auffassungsgabe und eröffnet spirituelle Horizonte.

Übungsablauf:

1. Sitze entspannt in einem Sessel. Die Hände liegen entspannt auf beiden Oberschenkeln. Die Handflächen zeigen nach oben. Die Übung kann auch im Bett gemacht werden. Dann liegen die Arme neben dem Körper.
2. Lege die Daumen auf die Zeigefinger beider Hände. Die anderen Finger werden ausgestreckt, wie auf *Bild 1*. Mit zusammengelegtem Daumen und Zeigefinger bildest du jetzt einen Energiering.
3. Fühle, wie von den Fingerspitzen deiner beiden Hände Energie hinaufströmt. Unterarme – Oberarme – Schultergegend – zur Kopfmitte – ins Hirngeflecht. Fühle, wie sich die Energie dort sammelt und warm ausbreitet.
4. Atme jetzt langsam von den Fingerspitzen beider Hände hinauf in die Kopfmitte. Halte kurz den Atem an. Atme wieder hinunter zu den Fingerspitzen beider Hände. Atme hin und her.
5. Überprüfe noch einmal, ob die Handposition genau wie auf *Bild 1* ausgeführt ist. Schließe die Augen und lege dich entspannt zurück. Atme bewußt langsam durch die Energiestraßen von d≠en Fingerspitzen zur Kopfmitte und von der Kopfmitte zurück zu den Fingerspitzen. Atme anfangs 20 mal hin und her. Später, so lange du es angenehm findest.
6. Wenn du die Handposition beenden möchtest, öffne behutsam und langsam die Hände und bleibe einige Sekunden entspannt liegen, bevor du aufstehst.

2. Mudra – Daumen berührt den Mittelfinger

Diese Handposition stimuliert das Gehör und beseitigt und bessert Ohrgeräusche und Ohrensausen.

Übungsablauf:

1. Sitze entspannt in einem Sessel. Die Hände liegen locker auf beiden Oberschenkeln. Die Handflächen zeigen nach oben. Die Übung kann auch im Bett gemacht werden. Dann liegen die Arme neben dem Körper.
2. Lege die Daumen auf die Mittelfinger beider Hände. Die anderen Finger werden gerade ausgestreckt, wie auf *Bild 2.* Mit dem zusammengelegten Daumen und Mittelfinger bildest du jetzt einen Energiering.
3. Fühle, wie von den Fingerspitzen deiner beiden Hände Energie hinaufzuströmen beginnt in die Unterarme – Oberarme – Schultergegend – zu den Ohren. Fühle, wie sich die Energie dort sammelt.
4. Atme jetzt langsam von den Fingerspitzen beider Hände hinauf in die Ohren. Halte kurz den Atem an. Atme wieder hinunter zu den Fingerspitzen beider Hände. Atme hin und her.
5. Überprüfe noch einmal, ob du die Handposition genau wie auf *Bild 2* machst. Schließe die Augen und lege dich entspannt zurück. Atme bewußt langsam durch die Energiestraßen von den Fingerspitzen zu den Ohren und von den Ohren zurück zu den Fingerspitzen. Atme anfangs 20 mal hin und her. Später, so lange du es angenehm findest.
6. Wenn du die Handposition beenden möchtest, öffne behutsam und langsam die Hände und bleibe einige Sekunden entspannt liegen, bevor du aufstehst.
Nach vier Wochen merkt man die ersten kleinen Erfolge.

3. Mudra – Daumen berührt den Ringfinger

Diese Handposition kräftigt die Nägel, Haare, Muskeln, Knochen, strafft die Haut und entwickelt den Geruchsinn.

Übungsablauf:

1. Sitze entspannt in einem Sessel. Die Hände liegen locker auf beiden Oberschenkeln. Die Handflächen zeigen nach oben. Die Übung kann auch im Bett gemacht werden. Dann liegen die Arme neben deinem Körper.

2. Lege die Daumen auf die Ringfinger beider Hände. Die anderen Finger werden gerade ausgestreckt, wie auf *Bild 3*. Mit dem zusammengelegten Daumen und Ringfinger bildest du jetzt einen Energiering.

3. Fühle, wie von den Fingerspitzen deiner beiden Hände Energie hinaufzufließen beginnt in die Unterarme – Oberarme – Schultergegend – zur Kopfmitte – ins Hirngeflecht. Fühle, wie sich die Energie dort sammelt und warm ausbreitet.

4. Atme jetzt langsam von den Fingerspitzen beider Hände hinauf in die Kopfmitte. Halte kurz den Atem an. Atme wieder hinunter zu den Fingerspitzen beider Hände. Atme hin und her.

5. Überprüfe noch einmal, ob du die Handposition genau wie auf *Bild 3* machst. Schließe die Augen und lege dich entspannt zurück. Atme bewußt langsam durch die Energiestraßen von den Fingerspitzen zur Kopfmitte – und von der Kopfmitte zurück zu den Fingerspitzen. Atme anfangs 20 mal hin und her. Später, so lange du es angenehm findest.

6. Wenn du die Handposition beenden möchtest, öffne behutsam und langsam die Hände und bleibe einige Sekunden entspannt liegen, bevor du aufstehst.

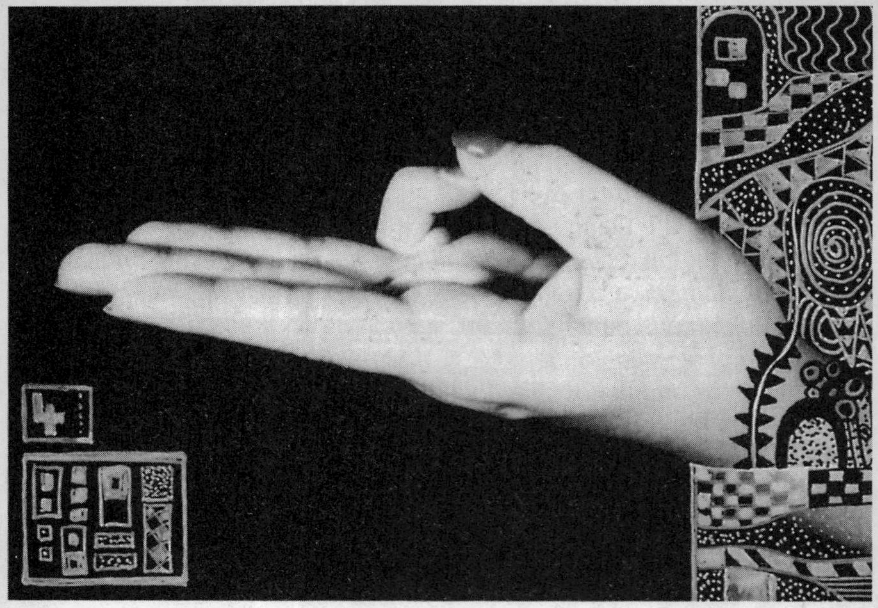

4. Mudra – Daumen berührt den kleinen Finger

Dem Körper wird das Element Wasser zurückgegeben. Das Fehlen dieses Elements zeigt sich durch trockenen Mund, gerötete und trockene Augen und in Fehlfunktionen der Nieren. Außerdem wird der Geschmacksinn verbessert.

Übungsablauf:

1. Sitze entspannt in einem Sessel. Die Hände liegen locker auf beiden Oberschenkeln. Die Handflächen zeigen nach oben. Die Übung kann auch im Bett gemacht werden. Dann liegen die Arme neben dem Körper.

2. Lege die Daumen auf die kleinen Finger beider Hände. Die anderen Finger werden gerade ausgestreckt, wie auf *Bild 4*. Mit dem zusammengelegten Daumen und kleinen Finger bildest du jetzt einen Energiering.

3. Fühle, wie von den Fingerspitzen deiner beiden Hände Energie hinaufzufließen beginnt, Unterarme – Oberarme – Schultergegend – zur Kopfmitte – ins Hirngeflecht. Fühle, wie sich Energie dort sammelt und warm ausbreitet.

4. Atme jetzt langsam von den Fingerspitzen hinauf in die Kopfmitte. Halte kurz den Atem an. Atme wieder hinunter zu den Fingerspitzen beider Hände. Atme hin und her.

5. Überprüfe noch einmal, ob du die Handposition genau wie auf *Bild 4* machst. Schließe die Augen und lehne dich entspannt zurück. Atme bewußt langsam durch die Energiestraßen von den Fingerspitzen zur Kopfmitte und von der Kopfmitte zurück zu den Fingerspitzen.

6. Atme langsam am Anfang 20 mal hin und her. Später, so lange du es angenehm findest.

Wenn du die Handposition beenden möchtest, öffne behutsam und langsam die Hände und bleibe einige Sekunden entspannt liegen, bevor du aufstehst.

Arbeit als Beschäftigung

—

Die Beschäftigung, mit der sich jeder einzelne seinen Lebensunterhalt verdient, und die Arbeit genannt wird, kann nicht jeder Mensch als Freude empfinden.
Obwohl es bekannt ist, daß Völker, die viel arbeiten und sehr wenig Urlaub und Freizeit haben, das höchste Alter erreichen, drängt die zivilisierte Bevölkerung nach immer kürzeren Arbeitszeiten und immer mehr Freizeit.
Die Freude an der Beschäftigung, mit der wir die meiste Zeit unseres Lebens ausfüllen, ist unbestreitbar das *Wichtigste für das Wohlbefinden* jedes einzelnen.
Das Leben kostet Geld. Die Beschäftigung, die wir wählen, um lebensnotwendige Bedürfnisse bezahlen zu können, sollte jedem Freude bereiten. Besonders dann, wenn er sich Dinge und Besitztümer anschafft, die nicht lebensnotwendig sind, sondern die man eben auch noch besitzen möchte, ohne sie eigentlich für das tägliche Leben zu brauchen.
Wenn du dich auf deine Arbeit freuen kannst und dir jeder Tag zu kurz wird, weil du noch dieses und jenes tun möchtest, dann wirst du jeden Tag, wenn er zu Ende ist, als einen sinnvollen Tag betrachten können. Du hast dich schöpferisch und einfallsreich beschäftigt. *Jede Beschäftigung* kann schöpferisch sein, wenn sie nur schöpferisch empfunden werden kann.
Ist nervtötende, immer gleichbleibende Arbeit denn als schöpferisch und schön zu empfinden?

Natürlich ist sie das! Jedes Brot, das du bäckst, ist der sichtbare Ausdruck deiner schöpferischen Handlung. Jeder angenähte Knopf am Hemd deines Mannes oder deines Sohnes ist der sichtbare Ausdruck deiner Liebe und Fürsorge. Jeder getippte Geschäftsbrief zeigt den Schönheitssinn und ein Gefühl für Ordnung und Übersicht, das der empfand, der ihn schrieb. Jede aufgeklebte Briefmarke eines Postbeamten ist der Ausdruck seiner Hilfsbereitschaft dem gegenüber, der ihm den Brief aushändigte. Jeder Blumenstock an einem Fenster, zu Hause oder am Arbeitsplatz, ist der sichtbare Beweis von der Sehnsucht nach Dingen, die der Mensch für sein Wohlbefinden braucht. Jeden Kilometer, den du auf verstopften Straßen zurücklegst, um zu deinem Arbeitsplatz zu gelangen, beinhaltet bereits eine Freude, die du darüber empfindest, wenn du die gleiche Strecke wieder zurückfährst zu dem Platz, der dir Heim, Zuflucht und Zuhause ist.

Wie kann ein Mensch annehmen, daß alles, was geschafft, erledigt, bearbeitet, fertiggestellt und gepflegt werden muß, *nur Ärger, Kummer, Mißbehagen* und Unlust in den Menschen auslöst? Es ist die Vorstellung, die der Mensch seiner Beschäftigung gibt, die diese abwertet, sie unwichtig und unerfreulich erscheinen läßt.

Wichtig ist es – du selbst belohnst dich täglich damit, daß du jeder Handlung, jeder Beschäftigung, auch der allergeringsten, einen Sinn gibst, der vor allem dich erfreut. Und für diese Leistung an dir selbst, belohne dich. Unterbreche deine Beschäftigung, trinke ein Glas Wein, einen Kaffee oder ein Glas Tee, und sage dir: „Ich versuche den Sinn des Lebens zu finden, indem ich jede Stunde meines Lebens zu einer freundlichen *‚Lebensstunde‘* mache, egal, was um mich herum geschieht, gedacht und gemacht wird.“

Leichte und einfachste Yogaübungen, die ich zeige, erleichtern es dir, diesen Vorsatz durchzuführen. Du kommst durch die Yogaübungen immer in ausgeglichene Lebenszustände oder verbleibst in ihnen. Das Schicksal schenkt dir Glückseligkeit und schlägt dir auch tiefe Wunden. Es kann dein Leben verändern, in jedem Augenblick, wenn es ihm gefällt. In solchen Zeiten der Veränderung erinnere dich an überstandene und bewältigte Wegstrecken deines Lebensweges, der, wie jeder andere Weg auch, einmal nach oben und einmal nach unten führt, um sich zur gegebenen Zeit harmonisch wieder zu ergänzen.

Was ist Glück oder Unglück?

Es war einmal, vor langer Zeit, ein armer Bauer. Eines Tages lief ihm ein prachtvoller, weißer Hengst zu. Die Leute in seinem Dorf sagten:
„Was für Glück du hast."
Er antwortete: „Wer weiß, ob es ein Glück ist?"
Bald darauf, in einer hellen Mondnacht, lief der weiße Hengst dem Bauern davon, und wurde lange Zeit nicht mehr gesehen. Die Leute in seinem Dorf sagten: „Was für Unglück du hast."
Er antwortete: „Wer weiß, ob es ein Unglück ist?"
Der weiße Hengst kam mit einer Stute zurück. Sie war so vollkommen, wie es keine zweite im ganzen Land zu sehen gab. Die Leute in seinem Dorf sagten: „Was für Glück du hast."
Er antwortete: „Wer weiß, ob es ein Glück ist?"
Zeit verging. Der einzige Sohn des Bauern bestieg die Stute, um mit ihr ins Dorf zu reiten. Mitten im Wald, warf sie ihn ab. Dem einzigen Sohn des Bauern blieb ein lahmes Bein. Die Leute in seinem Dorf sagten: „Was für Unglück du hast."
Er antwortete: „Wer weiß, ob es ein Unglück ist?"

Krieg zog über das Land. Die Söhne aus dem Dorf zogen in den Krieg. Nur der lahme Sohn des Bauern mußte im Dorf bleiben. Die Leute in seinem Dorf sagten: „Was für Glück du hast."
Er antwortete: „Wer weiß, ob es ein Glück ist?"

Diese schöne, weise Geschichte, läßt sich auch in dein Leben einflechten. Immer erkennst auch du, oft viel später, daß es sinnlos ist, sich die verzweifelte Frage zu stellen: „Warum gerade ich?"
Die Antwort läßt meistens auf sich warten. Bis zu dem Tag, an dem du erkennst, daß alles seinen Lauf, und alles seinen Sinn hat.
Du selbst kannst diese Geschichte endlos weitererzählen.

Kapitel II

Freie Persönlichkeit

5
Konzentrationsübung
Erfrischung des Nervensystems

6
Atemübung
Geistige und körperliche Ausgeglichenheit

7
Körperübung
Lösung von Rückenverspannungen

8
Körperübung
Lösung von Schulterverspannungen

Einkehr

Jeder Mensch muß sich einmal alleine ausruhen können, um den Anforderungen des Lebens heiter und gelassen gerecht werden zu können.
Auch du wirst einen vertrauten Platz haben, an dem du dich gerne ausruhst, wenn du alleine sein kannst.
Vorher wirst du dich duschen oder ein Bad nehmen. Du wirst deine Körperpflege genießen. Dann ziehst du sicher etwas Hübsches und Bequemes an, das dich nicht einengt.
Der Duft eines Räucherstäbchens oder eines Duftlämpchens verstärkt deine Sinneswahrnehmung.
Dann liest du vielleicht ein Buch, schreibst einen Brief, hörst Musik, um dich vom Trubel der Welt auszuruhen.
Vielleicht hast du Lust, eine Yogaübung zu machen, bei der die 5 Sinne geschlossen werden, wodurch das Nervensystem eine Verjüngung erfährt.

Der Vorteil der folgenden Übung ist eine Vereinigung der beiden Energieströme von Geist und Körper. Du gibst deinem Geist die Möglichkeit, sich auf das eigene harmonische Seelenleben zu konzentrieren. Du führst ein totales Abgeschnittensein von deiner Umwelt herbei und findest Zutritt zu den geheimen Heilkräften in dir selbst, die zielstrebig deinen glückvollen Lebensweg vorbereiten, so daß er von dir angenommen und ausgeführt wird.

5. Übung – Rückzug der Sinneswahrnehmung

Erfrischt das Nervensystem und stärkt Selbstbewußtsein und persönliches Auftreten

Übungsablauf:

1. Setze dich im Schneidersitz auf eine Decke, die du mehrmals zusammengelegt hast. Wenn dir das nicht möglich ist, sitz gerade auf einem Sessel.
Hebe die Ellenbogen in Höhe der Schultern, und lasse sie auf beiden Seiten abstehen.
2. Verschließe die Ohren, indem die Daumen nicht zu fest in die Ohren gesteckt werden.
3. Schließe die Augen mit den Zeigefingern, indem du diese leicht auf die Augenlider legst.
4. Lege die Mittelfinger auf beide Seiten der Nasenflügel und lasse die Nasenlöcher zur Atmung frei.
5. Drücke mit den Ringfingern die Oberlippe zu.
6. Drücke mit den kleinen Fingern die Unterlippe zu.
7. Atme langsam und ruhig durch die Nase aus und ein, während du bewegungslos in dieser Übung verharrst.
8. Konzentriere dich auf Flecken, Farben und Bilder, die auftauchen mögen. Stelle dir vor, die Bilder oder Farbflecken dehnen sich aus und ziehen sich wieder zusammen.
Diese Stellung sollte mindestens 5 Minuten lang eingehalten und nach und nach auf 15 Minuten ausgedehnt werden. Diese Übung erfrischt so das Nervensystem, schenkt Ruhe und stärkt Selbstbewußtsein und persönliches Auftreten.

Persönlicher Besitz

Gedankliche Sicherheit ist die Voraussetzung für ein gefestigtes persönliches Auftreten. Man ist sicher, das Richtige zu tun, und läßt sich nur dann von Außenstehenden beeinflussen, wenn man sich auch aus seiner Vorstellung heraus mit deren Ansichten identifizieren kann.

Du bist als *Person* in der Gesellschaft durch einen Personalausweis ausgewiesen. Eine *Person* kann einen Personenwagen, persönlich erworbenes Eigentum oder ein Haus und tausenderlei andere *Materielle Besitztümer* erwerben. Das Erworbene ist persönlicher *materieller Besitz,* den man jedoch **jederzeit verlieren oder wieder anschaffen kann.**
Eine Person kann aber auch Liebenswürdigkeit, Freundlichkeit, Bescheidenheit, gutes Benehmen, angenehme Ausdrucksweise oder geistiges Wissen auf unterschiedlichen Ebenen erwerben, wie zum Beispiel einen wissenschaftlichen Status oder die Meisterschaft über ein Handwerk.
Das so Erworbene ist persönlicher *geistiger Besitz,* den man **niemals verlieren kann und nie wieder anschaffen muß**.
Das *materielle* und *geistige Eigentum* vermittelt dem Menschen gegenüber Außenstehenden Sicherheit. Beides zusammen macht den Großteil einer Persönlichkeit aus. Als Persönlichkeit wirst du dich dank deiner erworbenen *geistigen und materiellen Besitztümer* allen Situationen gewachsen fühlen und dich nicht von Außenstehenden oder Medien soweit beeinflussen lassen, daß du zu einer Person wirst, die sich ohne eigenen Denkansatz von einer vorgefaßten Meinung mitreißen läßt.

Persönlichkeit ist der Begriff für eine *erworbene* Eigenart eines bestimmten Menschen und der in *Erscheinung tretenden persönlichen Eigenschaften,* die auf andere ausstrahlen.

Charakter ist die Summe der *Eigenschaften,* die einem Menschen seine Eigenart verleihen und nach der er von anderen eingeordnet wird. Der Weg der Entwicklung von einer Person zu einer überall anerkannten Persönlichkeit ist ein langer und sehr schwieriger.

Persönliche Ausstrahlung

Die Persönlichkeit eines Menschen wird geformt von Gefühlen und Gedanken. Sie formen Mienenspiel, Gesichtsausdruck, Gebärden, Haltung, Gestalt, Benehmen, Aussehen und Ausdrucksweise der Sprache. Das alles zusammen verleiht einer Persönlichkeit ihre *Ausstrahlung.*

Der Eindruck von Schönheit oder Gewöhnlichkeit, der in dem Mienenspiel eines Menschen zu erkennen ist, ist wie ein offenes Buch, in dem man lesen kann. Abstoßend wirkt immer das, was als unharmonisch empfunden wird. Der Betrachter fühlt genau, ob das gebotene Mienenspiel sich mit den eigenen Vorstellungen von Liebe, Zärtlichkeit und Schönheit deckt. Du fühlst augenblicklich, wie harmonische oder unharmonische Ausstrahlung anderer auf dich wirken – und bist angenehm oder unangenehm berührt. Nichts ist aufschlußreicher, als der allererste Eindruck, den ein Fremder vermittelt.

Die Betrachtung eines nach außen hin wirkenden eingebildeten, geizigen, dummen, engherzigen, nörglerischen, erbarmungslosen, brutalen, boshaften oder gar hinterhältigen und feigen Menschen, läßt im Betrachter immer das Gefühl von Verachtung, Ekel und Abscheu aufkommen.

Welche Ausstrahlung habe ich auf meine Mitmenschen?

Es ist eine spannende Aufgabe, das herauszufinden. Jeder Betrachter fühlt sich zu all jenen Menschen hingezogen, die die Ureigenschaften ihrer *Persönlichkeit* sichtbar macht, allein durch ihr Aussehen und ihr Benehmen. Der nach außen sichtbar gewordenen Liebe, Zärtlichkeit und Schönheit des Geistes kann niemand widerstehen. Besonders Kinder und Tiere reagieren unverfälscht auf ihr Gegenüber.

6. Übung – Strahlend durch Atemübung

Festigt deine Persönlichkeit

Wie sich in einem großen Strom tausende kleine Wasserläufe vereinigen, sorgen kleine und kleinste Versorgungsflüsse in feinverzweigten Körperstraßen für geistige und körperliche Stärke und Ausgeglichenheit.
Am angenehmsten wird die Übung vor dem Schlafengehen empfunden. In Kleidung, die nicht einengt, stellst du dich mit gespreizten Beinen auf den Boden.

Übungsablauf:

1. Lasse die Arme locker hängen. Neige den Kopf leicht auf die rechte Seite; stell dir vor, der rechte Arm zieht dich leicht nach unten; so hängen Kopf und Arm angenehm schwer auf der rechten Seite hinunter. Schließe die Augen.
2. Stell dir vor, du teilst deinen Körper in zwei Hälften. In eine rechte und in eine linke Hälfte. Stell dir deine *linke Körperhälfte* vor. Stell dir die fein verzweigten Versorgungsstraßen deiner linken Körperhälfte vor.
3. Atme von oben nach unten in deine *linke Körperhälfte* ein. Wenn du mit der Atmung im linken Fuß angekommen bist, atmest du von unten wieder nach oben aus.
4. Atme jetzt langsam; die Vorstellung von Ausgeglichenheit, tiefer Ruhe, unvergänglicher Gesundheit, die Vorstellung, daß du auf andere Menschen angenehm und strahlend wirkst, und in allem, was du beginnst, Erfolg hast, fließt in deine *linke Körperseite*. Atme zehnmal hinunter und hinauf. Dann richtest du dich sehr langsam auf. – Ausruhen – Nachfühlen.
5. Beuge nun den Kopf auf die *linke* Seite. Der Arm zieht dich leicht nach *links* unten. Kopf und Arm hängen schwer auf der *linken* Seite.
Schließe die Augen und wiederhole die Übung, indem du nun von oben nach unten in die *rechte Körperseite* zehnmal hinunter- und hinaufatmest. – Ausruhen – Nachfühlen.

Yoga lehrt, daß das Wachstum des Menschen nicht mit der Reife des materiellen Körpers aufhört. Jeder von uns besitzt für seine Persönlichkeit ein uneingeschränktes geistiges und körperliches Potential. Durch Yoga werden die geheimsten Talente und schönsten Eigenschaften des Übenden sichtbar. Das ist das, was man unter Selbstverwirklichung versteht. Yoga ist eine Technik, die aus jedem einen besseren Menschen machen kann. Bessere Menschen schaffen bessere menschliche Gemeinschaften, diese schaffen bessere Staaten, und diese besseren Staaten eine bessere Welt. Jeder kann damit beginnen.

Verantwortung

Anders verhält sich der einzelne, wenn er Menschen begegnet, die von Armut, Krankheit oder Tod gekennzeichnet sind. Sie wecken im Betrachtenden Unsicherheit, Angst, Mitleid oder Verantwortungsbewußtsein. Verständlicherweise empfindet manch einer große Angst vor Verantwortung oder vor einer Aufgabe, die auf ihn zukommt, und er sich verpflichtet fühlt, helfen zu müssen. Es ist völlig normal, sich einer Aufgabe entziehen zu wollen, die von Menschen erwartet und gefordert wird, die wir nicht bedingungslos lieben können und von der wir uns überfordert fühlen. Man muß für solches Verhalten Verständnis aufbringen. Denn nur, wer stark im Herzen und in seiner mitmenschlichen Einstellung ist, fühlt sich solcher Pflichten gewachsen.
Jeder einzelne fühlt, ob er einer schweren Verantwortung gewachsen ist oder nicht. Es gibt Menschen, die schwere Aufgaben suchen und in der Bewältigung der gewählten Pflichten tiefe Zufriedenheit und Erfüllung finden. Anderen

ist dies nicht möglich. Jeder einzelne sollte seinem Gefühl nachgeben, und, wenn es möglich ist, ein klares „Nein" oder „Ja" aussprechen. Niemals darf man bei schweren Lebensentscheidungen „guten Ratschlägen" Folge leisten oder eine Aufgabe übernehmen, nur um die Erwartungen der anderen mit einem „persönlichen Opfer" zu bestätigen.
Handelt es sich um eine Verantwortung für jemand, den man achtet und immer gerne um sich hat, fällt eine Entscheidung leichter. Hingegen verlangt es eine gefestigte und in sich ruhende Persönlichkeit, um für Menschen Verantwortung tragen zu können, die einem unangenehm sind, und mit denen man nicht gerne zusammen ist. Denke an den Beruf der Betreuung von Alten und Kranken, Behinderten, schwererziehbaren Kindern; in diesen Berufen muß jeder einzelne Betreute vom Betreuenden aus ganzem Herzen kommend, gleich anonym empfunden werden, sonst erschöpft sich die Kraft, die gebraucht wird, um sein Bestes zu geben. Gleichgültig, wieviel Kraft du verbrauchst, sie füllt sich wieder auf – wenn du in deiner Freizeit mit Menschen zusammentriffst, die helfen, das verbrauchte Energiepotential wieder aufzufrischen oder die Kraft des Glaubens. Ist das unmöglich, dann konzentriere dich auf dich und bleibe mit dir angenehmen Beschäftigungen alleine, solange, bis deine persönliche Ausstrahlung einen gleichgesinnten Gefährten anzieht, der dir geben wird, was du in deinem Unbewußten an Liebe, Schönheit und Zärtlichkeit benötigst, um die Persönlichkeit zu bleiben, die du ausstrahlst. Suche nie etwas. Überlaß es deinem Unbewußten dir zuzuführen, was für dein persönliches Glück und für deinen persönlichen Lebensweg das *Vollkommenste* ist. Wünsch dir nichts Bestimmtes. Dein Unbewußtes weiß, was du brauchst, bevor du es noch erdacht hast.

7. Übung – Rückenverspannungen lösen

Diese Übung hilft geistige und körperliche Verspannungen abzubauen, die besonders in Zeiten von starker persönlicher Beanspruchung auftauchen.

Übungsablauf:

1. Lege dich in bequemer Kleidung auf eine oder zwei Decken. Die Hände werden in die Kniekehlen gelegt.
2. Beginne zu schaukeln, indem du die Beine nach vorne und nach rückwärts bewegst. Schaukle hin und her wie ein Schaukelpferd.
3. Versuche jetzt, beim Vorwärtsschaukeln *einzuatmen* und beim Rückwärtsschaukeln *auszuatmen.* Schaukle mit geschlossenen Augen.
5. Du wirst immer langsamer, immer träger schaukeln – du empfindest angenehm die Bewegung beim *Ausatmen* und die Bewegung beim *Einatmen.*
6. Schaukle bewußt entspannt 20 mal hin und her und versuche dir mit geschlossenen Augen vorzustellen: ich werde lockerer und entspannter – leichter und gelöster – ich fühle, wie sich die Verspannungen meiner Muskeln zu lösen beginnen; mein Rücken warm wird. Diese empfundene Wohligkeit überträgt sich auf deine Gedankenbilder, sie wirken beruhigend und einschläfernd. Regelmäßig geübt, solange wie es dir angenehm ist, führt diese Übung auch zum Abbau von Angstzuständen und zur Lockerung von Rückenverspannungen.

 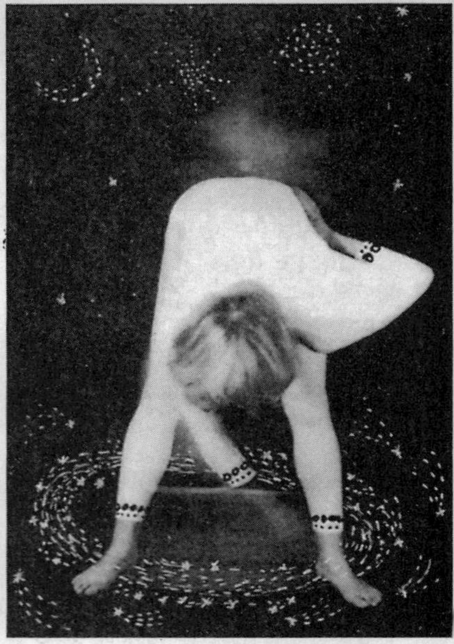

8. Übung – Schulterverspannungen lösen

Übungsablauf:

Bild 1 – Pendel

1. Stelle dich mit gespreizten Beinen auf eine Decke. Lege die linke Hand in die Taille.

2. Beuge den Oberkörper nach vorne. Lasse die Halswirbelsäule, den Kopf und den rechten Arm locker nach unten hängen – wie auf *Bild 1.* Pendle den Arm 25 mal hin und her. Dann 25 mal mit der linken Seite.

Bild 2 – Kreis

1. Aus der gleichen Grundposition heraus beginnst du jetzt den locker hängenden rechten Arm aus dem Schultergelenk heraus zu drehen. Du läßt deinen Arm locker, von innen nach außen, einen Kreis beschreiben – wie auf *Bild 2.* Drehe 25 mal einen Kreis mit der linken Seite.

Atmen

Niemand hat sich länger und ausführlicher mit der wichtigsten aller Körperfunktionen, mit dem Atmen, beschäftigt, als die alten Meister, die Yoga studierten. Sie erkannten, daß ein großer Teil unserer körperlichen und geistigen Störungen dadurch entsteht, daß wir nicht harmonisch atmen.

Leben und Atmen sind ein und dasselbe. Leben ist Atmen, denn wo der Atem fehlt, da ist der Tod. Ob du wachst oder schläfst, du hörst nie auf zu atmen.

Die Atemluft ist der wichtigste Nährstoff für das Blut, das Zellen, Gewebe, Nerven, Drüsen und Organe ernährt. Die Beschaffenheit der Haut, Knochen, Zähne, Haare und Nägel hängt vornehmlich von der Beschaffenheit des Blutes ab.

Alle Funktionen des Körpers, von der Verdauung bis zum schöpferischen Denken, beruhen auf der Zufuhr von Sauerstoff.

In den zivilisierten Ländern atmen nur noch die Säuglinge natürlich. Oberflächliches Atmen gehört zu den vielen ungesunden Gewohnheiten, die uns die Zivilisation aufgezwungen hat. Oberflächliches Atmen ist direkt oder indirekt schuld an vielen geistigen und körperlichen Krankheitszuständen, von nervösen Störungen bis zum Dauerschnupfen. Gebeugte Schultern schon in jungen Jahren, ein schmaler verkümmerter Brustkorb, Sehstörungen, schnelle geistige Ermüdung – all das kann durch nachlässiges und falsches Atmen ausgelöst werden.

Das Gehirn benötigt dreimal soviel Sauerstoff wie der übrige Körper. Millionen Menschen leiden unter Sauerstoffmangel, ohne es zu wissen. Atemübungen, besonders die „Yogavollatmung", ist der schnellste Weg, dem ermüdeten Körper neue Energie zuzuführen.

Kapitel III

Stille des Geistes

9
Atemübung
Beruhigende Atmung

9a
Atemübung
Gesteigerte Sauerstoffversorgung

10
Heilige Handlung – Lichtweg
Aktivierung „ruhender" Energie

11
Heilige Handlung – Lichtschale
Stärkung der Abwehr

9. Übung – Beruhigende Atmung – Atemübung

Übungsablauf:

Bild 1

Sitze im Schneidersitz auf einer zusammengelegten Decke. Ist das nicht möglich, sitze aufrecht auf einem Sessel.

1. Lege anfangs die Beschreibung vor dich hin.

2. Lege Mittelfinger und Daumen der rechten Hand leicht auf beide Nasenflügel.

3. Schließe mit dem Daumen leicht das *rechte Nasenloch* und atme durch das *linke Nasenloch* in dein Nabelgeflecht ein. Halte kurz den Atem an.

4. Schließe mit dem Mittelfinger das *linke Nasenloch* und atme durch das *rechte Nasenloch* aus. Halte kurz den Atem an.

5. Atme durch das *rechte Nasenloch ein,* lenke den Atem ins Nabelgeflecht. Halte kurz den Atem an.

6. Schließe mit dem Daumen das *rechte Nasenloch* und atme durch das *linke Nasenloch* aus. Halte kurz den Atem an.

7. *Links einatmen ... rechts ausatmen. Rechts einatmen ... links ausatmen ... links einatmen ... rechts ausatmen* – und so weiter ... 10 – 15 Minuten lang.

Bild 2

1. Wenn du die „Beruhigende Atmung" beherrschst, beginnst du mit der gedanklichen Wiederholung des Mantras *„HAM – SA"*. Das *„HAM – SA"* soll gedanklich wie ein stilles Singen jeden Atemzug begleiten.

2. Mit dem Einatmen denkst du *„HAM"*, während du zum Nabel hinunteratmest.

3. Mit dem Ausatmen denkst du *„SA"*, während du ausatmest.

4. Vertiefe dich mit geschlossenen Augen immer mehr in die Atemübung, mit dem Ziel, daß du dich immer leichter, immer heiterer zu fühlen beginnst.

5. Lasse das *„HAM"* hinunterfließen.

6. Lasse das *„SA"* herauffließen.

9a. Übung – Beobachte deinen Atem

Beide Atemübungen tragen dich in einen ruhigen, entrückten Zustand. Schon nach einigen Atemzügen wird eine tiefe Ruhe und Stille über dich fluten.
Jede dieser Übungen dient zur besseren Sauerstoffversorgung aller Organe und Drüsen. Wähle die Übung aus, zu der du dich hingezogen fühlst.

Übungsablauf:

Bild 1 – Nabel

1. Setze dich im Schneidersitz auf eine zusammengelegte Decke oder auf einen Sessel. Halte den Rücken gerade. Die Hände liegen locker auf den Knien, die Augen sind geschlossen.

2. Richte deine Aufmerksamkeit auf deinen Nabel. Konzentriere dich auf seine natürliche Bewegung. Denke dir jetzt beim „Einatmen" *„HAM"* und während du „ausatmest" *„SA"*.

3. Beobachte deine Atmung (nur durch die Nase atmen) Spüre, wie bei jeder „Einatmung" dein Nabel nach vorne gleitet und sich bei jeder „Ausatmung" zurückzieht. Atme solange wie es dir angenehm ist.

Bild 2 – Nase

1. Richte deine Aufmerksamkeit auf deine beiden Nasenlöcher. Wenn du „einatmest", denkst du *„HAM"* und während du „ausatmest", denkst du *„SA"*. Atme solange wie es dir angenehm ist.

Der Prozeß der Einkehr

Die alten Yogis gelangten zu ihrem umfangreichen Wissen über den menschlichen Körper und dessen lebensspendende Energieströme durch einen bewußt geübten Prozeß der Einkehr. Allem organischen Leben wohnt eine besondere, über die physikalischen und chemischen Vorgänge hinausgehende Lebenskraft inne.

Durch „Königliches Yoga" (Raja Yoga), das eine Vereinigung zwischen dem bewußten und dem unbewußten Geist möglich macht, tritt ein Zustand des *Überbewußten* ein. Das *Überbewußte* läßt den Übenden erahnen, ob und wo sein Energiestrom unterbrochen ist. Durch bestimmte Yogaübungen können unterbrochene Energieströme wieder harmonisiert werden.

Yoga-Übungen, welche die Freisetzung der im menschlichen Nervensystem nicht aktivierten Energie ermöglichen, nennt man „Heilige Handlung".

Die von mir gezeigte Übung „Heilige Handlung" setzt alle denkbar mögliche Energie im Zentralnervensystem (Gehirn und Rückgrat) in sanfte Bewegung und erschließt versteckte Energiereserven zur Stärkung unseres überbeanspruchten Abwehrsystems. Die Übung „Heilige Handlung", die dir Zutritt zu deinen vorhandenen geheimen Kräften ermöglicht, muß wie ein „Gebet" ausgeführt werden.

Führt jemand regelmäßig und längere Zeit diese Übung aus, wird er erfahren, daß der Lohn dieser heiligen Übung unerschütterliche Ruhe und tief empfundene Sicherheit im Umgang mit Menschen sein wird.

10. Übung – Heilige Handlung – Lichtweg

Übungsablauf:

1. Lege dich auf eine Decke. Kannst du nicht auf dem Bauch liegen, setze dich auf einen Sessel und lege die Hände entspannt in den Schoß.

2. Stell dir mit geschlossenen Augen deine *Kopfmitte* vor. Von der *Kopfmitte* führt ein leichter heller Weg hinunter zum *Steißbeinende.*

3. Strecke die Arme aus und hebe mit leicht zurückgebeugtem Kopf den Oberkörper. Stelle dir wieder den Weg von der *Kopfmitte* zum *Steißbeinende* vor.

4. Atme jetzt sehr langsam von der Kopfmitte bis zum Steißbeinende, vom Steißbeinende hinauf bis zur Kopfmitte. Fahre mit dieser Atmung fort. Konzentriere dich, wie der Atem über den leichten hellen Weg hinauf- und hinunterfließt. Ein Lächeln entspannt deine Gesichtsmuskeln und deine Kiefergelenke, während du dich leicht und hell fühlst. Atme 10 mal oder 20 mal. (Wenn du die Übung verstärken möchtest, stell dir vor, daß ein Engel oder Gott leise hinauf- und heruntergeht und dich mit Glückseligkeit erfüllt).
Um die Position zu beenden, senkst du den Kopf und legst die Stirn auf die übereinandergelegten Hände.

11. Übung – Heilige Handlung – Lichtschale

Übungsablauf:

1. Die Stirn liegt so auf den übereinandergelegten Händen, daß kein Druck oder Schmerz gefühlt wird. Beide Nasenöffnungen sind durch diese Kopflage frei zum Atmen, die Halswirbelsäule ist entspannt und locker.

2. Stelle dir unter deinen beiden Nasenöffnungen eine goldene Schale mit Wasser gefüllt vor. Das Wasser ist vollkommen unbewegt und glatt wie ein Spiegel. Der Atem fließt so harmonisch und ruhig, daß er die stille Wasserfläche nicht einmal kräuseln könnte.

3. Laß Gedankenbilder auf der stillen Wasserfläche entstehen, die du mit dem Begriff *Liebe* verbindest. Sieh dich selbst, und auch andere, bei Handlungen der *Liebe.* Dann, wenn du die Bilder der *Liebe* nachempfunden hast, betrachte wieder das stille Wasser in deiner goldenen Schale.

4. Laß jetzt Gedankenbilder auf der stillen Wasserfläche entstehen, die du mit dem Begriff *Zärtlichkeit* verbindest. Sieh dich selbst bei Handlungen der *Zärtlichkeit.* Wenn du die Bilder der *Zärtlichkeit* nachempfunden hast, betrachtest du wieder das stille Wasser in deiner goldenen Schale.

5. Laß zum Abschluß Gedankenbilder auf der stillen Wasserfläche entstehen, die du mit dem Begriff *Schönheit* verbindest. Sieh dich selbst bei der Betrachtung von dem, was du als *Schönheit* empfindest. Hast du die Bilder der *Schönheit* nachempfunden, betrachte wieder die ruhige, stille Wasseroberfläche deiner goldenen Schale.

Dein Atem ist ruhiger, *harmonischer* geworden. Du empfindest die von *dir selbst herbeigeführte Vereinigung* von geistigen Gedankenbildern und körperlichen Bedürfnissen.

Glaubst du an Schutzgeister? Möchtest du mit ihnen in Verbindung treten?

Manche Yogis glauben, daß der Mensch vor seiner Geburt die Möglichkeit hat, sich für ein leichtes oder ein schweres Leben zu entscheiden.
Entscheidet er sich vor seiner Geburt für ein mühseliges Leben, nimmt er freiwillig das Leid anderer auf sich.
Deshalb sagt man, daß Menschen, die von schweren Schicksalsschlägen betroffen sind, Zutritt zu den mächtigen, geistigen und liebevoll heilenden Kräften haben.
Kannst du dir vorstellen, mit nichtkörperlichen, nur aus Energie bestehenden Wesen, in Verbindung zu treten? Wenn du es versuchen möchtest, gibt es eine Technik dafür, die jeder anwenden kann.

Lege oder setze dich bequem in einen Raum, der warm ist, und in dem du ungestört bleibst.

1. Schließe deine Augen.

2. Stell dir vor, du sitzt in einem gemütlichen Raum und blickst auf eine Türe, die geschlossen sich dir gegenüber befindet.

3. Betrachte die Tür. Werde entspannt und müde. Du wirst ganz müde und träge.

4. Bitte jetzt deinen ganz persönlichen Schutzgeist, durch diese Tür zu treten. Bitte ihn, sich dir vorzustellen.

5. Bitte darum, daß die Tür für dich aufgehen möge. Sieh zu, wie die Tür sich öffnet, damit sich dir dein eigener Schutzgeist vorstellen kann.

6. Sieh zu, welche liebevolle Gestalt eintritt. Dein Schutzgeist kann sich in *„jeder Gestalt"* zeigen.

7. Kannst du deinen Schutzgeist nun sehen, dann frage ihn, ob er irgendeine Botschaft für dich hat.

Vielleicht erfährst du die Lösung eines Problems. Schutzgeister haben nur einen Wunsch! Sie möchten dir deine geheimsten Wünsche erfüllen, dich immer zufrieden und froh sehen. Sprich mit deinem Schutzgeist. Sage ihm, durch dich werde ich ganz leicht und heiter. Ganz leicht und heiter.

8. Möchtest du die Übung abbrechen, danke dem nichtkörperlichen Besucher und verabschiede dich von ihm.

Anschließend bleibe einige Zeit ruhig sitzen. Fühle die leichte, lichte Ausstrahlung, die immer zurückbleibt, wenn ein nichtkörperlicher Gedankenaustausch zwischen zwei geistigen Energieströmen stattgefunden hat. Deine schönsten Eigenschaften und die schönsten Eigenschaften deines Schutzgeistes sind ineinandergeflossen.

9. Denke darüber nach, wie dich Bilder berühren, auf denen ein Schutzengel ein Kind über einen gefährlichen Abgrund geleitet. Denke darüber nach, ob du dir wünschst, daß ein Schutzgeist deine Kinder, deine Eltern, deinen Partner und dich geleitet und führt.

Kapitel IV

Wie bin ich?

12
Augenübung
tiefe Ruhe für eine reine Seele

Was stellst du dar?

Sehr viele Menschen spielen eine Rolle im Leben. Sie stellen im Umgang mit anderen Menschen dar, was sie sein möchten, um den Anforderungen des täglichen Lebens besser gerecht werden zu können. Viele Menschen ordnen sich ihrer künstlichen „Personenrolle“ unter und beginnen sich schließlich damit zu identifizieren. Sie sind nichts anderes als – der strenge Vater – die duldsame Mutter – das brave Kind – der gefürchtete Lehrer – die hilfreiche Tante – der Herr Abgeordnete – das verdiente Vereinsmitglied – die emanzipierte Frau. Sie können nicht anders und zeigen sich so, wie es von Außenstehenden erwartet wird. Damit der Betroffene seiner künstlichen „Personenrolle“ gerecht wird, muß er andere Bedürfnisse seines Innenlebens wie Stolz, Liebe, Eifersucht, Gerechtigkeitsgefühl, Dankbarkeit, Neid, Lust, Angst, Zorn, Schadenfreude, Verzweiflung, Haß und andere menschliche Einstellungen, die ihm eigen sind, verdrängen, um Auseinandersetzungen, Krach und Zwistigkeiten, Demütigungen und Kränkungen auszuweichen.

Diese verdrängten Bedürfnisse sammeln sich im Unbewußten, um im Laufe der Zeit auf den Betroffenen Druck auszuüben. Unausweichlich wird ein Mensch, der gewaltsam Unterdrücktes im Unbewußten mit sich herumträgt, zu einem selbstzerstörerischen Verhalten geführt. Das gewaltsam unterdrückte Gefühlsgut bricht in unkontrollierbaren Situationen gewaltsam durch.

Wer sich eine „Personenrolle“ aufgebaut hat, die eindrucksvoller ist, als es den persönlichen Möglichkeiten entspricht, kann sein Verhalten, für Außenstehende unverständlich, vollkommen ändern. Der Moralapostel verfällt erotischer Begierde, der Ehrliche wird zum Dieb, die duldsame Mutter wird zur unerträglichen Furie, die emanzipierte Frau ordnet sich bedingungslos einem herrischen Mann unter, der sonst strenge Vater läßt sich gängeln wie ein kleines Kind.

Jeder muß sich bewußt sein, daß er von anderen nicht zuviel erwarten kann und darf. Die Schuld an einem persönlichen Mißerfolg darf nicht anderen zugeschrieben werden. Du hast oft selbst eine „Personenrolle“ gespielt und bist auch von anderen mit einer „Personenrolle“ getäuscht worden. Und wenn du jemand liebst, siehst du in ihm all jene Eigenschaften, die schön und für dich begehrenswert sind.

Du darfst nicht enttäuscht sein, wenn er anders ist, als du ihn siehst. Der andere ist nicht dafür verantwortlich, daß du etwas Schöneres und Begehrenswerteres in ihm siehst, als er in Wirklichkeit darstellt.

Tiefe Ängste, erduldete Demütigungen und körperliche und seelische Schmerzen beeinflussen die Handlungsweise jedes Menschen. Du darfst niemanden verurteilen, der vor einer Verantwortung davonläuft. Und du darfst dir nicht anmaßen, von einem anderen das zu erwarten, was du selbst leisten kannst oder schon geleistet hast.

Glaube nie, daß du dein Kind, deinen Mann, deine Frau, deine Eltern oder Außenstehende richtig kennst. Daran mußt du immer denken, wenn du glaubst, etwas erwarten zu dürfen oder ein Urteil fällen zu können. Du weißt von dir selbst, daß Niederlagen und Schuldgefühle dich unausgeglichen, orientierungslos und sogar krank machen können. Oft ist es nur wahre Liebe, die die Kraft gibt, alles zu ertragen, glauben, hoffen und erdulden zu können.

Wenn du aber anderen starke, ehrliche und menschliche Gefühle entgegenbringst, obgleich du weißt, daß ihre Empfindungen dir gegenüber nur lau sind, und du dafür mit noch weniger Achtung und Aufmerksamkeit „bestraft" wirst, verändert das deine Persönlichkeit und nimmt dir jene strahlende Sicherheit, die aus den „Ureigenschaften" Liebe, Zärtlichkeit und Schönheit aufgebaut ist.

Unsicherheit

Du kannst nicht ahnen, was andere Menschen in unserer Umgebung an Leid und Freud erlebt und erduldet haben. Mit welchen Problemen sie sich quälen, und welche sie bewältigt haben. Vielen fehlt oft aus Erschöpfung die Kraft, noch mehr Leid und Verantwortung zu tragen, um anderen zu helfen, wenn es notwendig ist. Tief in ihrem Herzen ruht das innige Verlangen, auch für andere Menschen da zu sein. Einige helfen und erfreuen sich im Stillen. Andere treten gerne an die Öffentlichkeit und erzählen davon. Auch sie erhoffen von den Zuhörenden ein wenig Zuneigung und Zärtlichkeit, ohne die kein Mensch wirklich ausgeglichen und zufrieden sein kann.
Fassungslos stehst du der zunehmenden Gewalttätigkeit gegenüber, die sich in den Straßen abspielt. Bestürzt nimmst du die steigende Kriminalität zur Kenntnis. Du suchst nach Erklärungen für die Empörung und den Aufruhr oder für die Gleichgültigkeit der Jugend, der Verlockung von Alkohol, Drogen und geschmackloser Pornographie zu widerstehen.
Brutalität, Arbeitsunlust, Abhängigkeit von zeittötenden Angeboten sind die Reaktion auf ein zunehmend technisiertes Zeitalter.

Die Jugendlichen der heutigen Gesellschaft werden von Kindheit an verstärkt daran gewöhnt, unter Sicherheit „ausschließlich das Fehlen materieller Sorgen zu verstehen". Ihr Magen wird gefüllt, wenn sie Hunger haben. Es ist aber nur der sterbliche Leib, der damit befriedigt wird. Die Nahrung für den seelischen und geistigen Hunger wird oft vernachlässigt und läßt so einen großen Freiraum nicht nur für so unaktive Beschäftigungen wie das Fernsehen und vorgefertigte Computerspiele. Die Möglichkeit „Geist" und „Seele" zu schulen, werden immer geringer und lassen als Folge davon die Reife zu einer offenen und unverstellten Persönlichkeit immer weniger zu.

12. Übung – Das Auge als Fenster zur Seele

Die Übung ist dafür bekannt, Sehfehler zu beheben. Besonders aber vermittelt sie tiefe Ruhe und reinigt die Seele. Sie darf unter keinen Umständen geübt werden, wenn Verdacht auf eine Netzhauterkrankung besteht. Vorher den Augenarzt aufsuchen.
Diese Übung ist sehr hilfreich, um sich von belastenden Gedanken zu lösen.

Übungsablauf:

1. Setze dich in einen dunklen Raum auf einen Sessel oder auf den Boden, die brennende Kerze stellst du vorher in Augenhöhe auf. Die Entfernung vom Auge bis zur Kerzenflamme beträgt ca. 1 1/2 m.

2. Mit weit geöffneten Augen starrst du auf die Kerzenflamme, bis die Tränen zu fließen beginnen. Sobald die Tränen fließen, schließt du deine Augen. Laß auch die Gedanken mithinausfließen, von denen du dich lösen möchtest, um dich auszuruhen.

3. Dann wiederhole die Übung so lange, bis du in der Lage bist, ohne zu blinzeln 10 Minuten auf die Flamme zu schauen; du wirst fühlen, wie die Flamme beruhigend auf deine Gedanken wirkt und sich in deinem Herzen wärmend und reinigend ausbreitet.

4. Wenn du fühlst, wie der Schein des Lichtes dein Wesen ruhiger und weniger ängstlich macht, schließe die Augen und stelle dir vor, daß die Wärme des Kerzenlichtes dein Wesen durchleuchtet und hell und leicht macht.

5. Laß deine Gedankengänge um das Licht kreisen, indem du dir lauter schöne Dinge vorzustellen beginnst, die etwas mit Licht und dessen Farbe zu tun haben …

Über das „Herzeigen"

Ein „Herzeige-Haus" oder eine „Herzeige-Wohnung" kann nicht das notwendige Nest sein, in das ein Kind immer dann zurückkehrt, wenn es *geistigen und seelischen Trost benötigt.* Es ist oft die Heimstatt von Personen, die ihre Persönlichkeit nicht genügend entwickeln konnten. Deshalb ist es solchen Menschen nicht möglich, für ihre Kinder die nötige Liebe und Zärtlichkeit bereitzuhalten und zu geben, wenn es dringend notwendig ist.

Wenn du bei jungen Menschen zerrupfte Haare in gelb, orange und lila, weiße Grabesgesichter und Trauerkleidung, Lederkluft und lärmende Motoren, Eisenplättchen auf Schuhen, aber auch elegante Kleidung, durchlöcherte Hosen über knackigen Popos und hautenge Strumpfhosen an Zierlichen und Übergewichtigen wahrnimmst, sollte das in dir *immer Freude und Interesse wecken.* Jeder dieser jungen Menschen sucht damit nur seine „Lebenseinstellung" zu zeigen. *Wünsche und Träume* der jungen Menschen werden sichtbar dargestellt, die sie zu verwirklichen suchen und *wofür sie Vorbilder suchen.*

Auch zeigt die Verwirrung und Hilflosigkeit der Jugend, daß sie *nach Vorbildern sucht,* aber nur das finden kann, *was vorgelebt wird.* Es ist immer verhältnismäßig leicht zu erkennen, was Jugendlichen von dem gefällt, was *wir Erwachsene darstellen oder nicht darstellen.*

Es ist schwere Arbeit, ein Vorbild zu sein, das Liebe, Zärtlichkeit und Schönheit ausstrahlt. Wenn du glauben kannst, daß ein liebevoller Gedanke alles schuf, dann weißt du, daß es nichts geben kann, mit dem du *als Persönlichkeit* nicht fertig wirst.

Zweierlei Gedankengänge

Ein ärmlicher Tibetaner denkt nicht über seine Armut nach, sondern über die Auswirkung seiner Armut in diesem Leben *„auf das nächste Leben"*. Er verfällt nicht in Trübsinn und Depression, sondern freut sich auf seine Belohnung im nächsten Leben.
Ein ärmlicher Europäer denkt über seine Armut und *„über die Auswirkung seiner Armut in diesem Leben nach"*. Er gibt der Armut in seinem begrenzten Leben Macht über sich selbst. Das vermindert die Lebensfreude und kann zu Unzufriedenheit, Depressionen und Krankheiten führen.
So entstehen im *Persönlichen Denkmuster* jedes einzelnen Gefühle, Gedanken und Vorstellungen, die, in Worte gefaßt und ausgesprochen, eine unvorstellbare Macht im Leben des einzelnen ausüben.

Dein gesprochenes Wort

Nichts hat mehr Macht oder ist mächtiger als ein gesprochenes Wort, hinter dem ein klares Gedankenbild steht.
Eine Frau, die ihren Mann immer schon in der Position sieht, in der sie ihn zu sehen wünscht, und darüber auch so spricht, ebnet ihm oft alle Wege, auch zu den allerhöchsten Positionen. Und ein Mann, der seine Frau immer sanftmütig, aber auch selbständig sieht, wie er es sich immer erträumt

hat, bereitet alle Wege für sie vor, die sie zu den von ihm gewünschten schönen Eigenschaften führen. Je öfter er sagt: „Mein Liebes, du bist genau so, wie ich es mir immer gewünscht habe“, umso schneller werden die erwähnten Eigenschaften sichtbar und zur Wirklichkeit werden können.

Jeder, der sich ernsthaft mit Yoga beschäftigt, sollte sich dazu erziehen, daß er vorher überlegt, welches Wort er ausspricht. Nur ein Wort, an das man aufrichtig glaubt, bevor man es ausspricht, erreicht das Unbewußte anderer. Worte sollen das in Erfüllung gehen lassen, wofür sie ausgesandt worden sind. Es wird viel geredet. Die Sprache wird mit unnötigen Fremdworten zerstückelt, die den Gesamteindruck eines Satzes verwischen. Den wenigen treffenden Worten wird vorher kein Wert durch Gedankenkraft gegeben. Solche Worte haben keine Macht. So sprechen Menschen lieber über sich selbst, als zuzuhören. Wenige Menschen können zuhören. Kann ein Mensch aber zuhören, wird der Erzählende seinen Worten bald mehr Bedeutung geben können. Es kommt dann zu einem wirklichem Gespräch, denn der Erzählende wird fühlen, daß echtes Interesse der Grund ist, warum sein Gegenüber ernsthaft zuhört.

Wenn du jemand Liebes tun möchtest, dich selber besser fühlen willst, versuche einmal solange zuzuhören, bis ein echtes Gespräch mit deinem Gegenüber entsteht. Es ist danach viel leichter, Trost zu geben, Mut zuzusprechen, Zuversicht aufzubauen; kleide deine Willenskraft in Worte, und übertrage sie auf eine oder mehrere Personen. Das nennt man *Suggestion*.

Mach dein Bewußtsein strahlend vor Freude. Wirf deine Ureigenschaften, die dein Ich ausmachen, in die Waagschale; die Liebe, die Zärtlichkeit und die Schönheit. Und dann sprich aus, was du im Herzen empfindest und fühlst.

„Ohne dich, mein Liebstes, wäre mein Leben leer. Du gibst meinem Leben Sinn. Du hast mich Wunderbares gelehrt, mir so viel Schönes gezeigt. Immer gibst du, ohne dafür etwas zu verlangen. Du bist so großzügig."
Sage diese Dinge auch, wenn sie nicht ganz stimmen. Und du wirst erleben, daß durch die Zaubermacht von *Suggestion* Freude, Schönheit, Zuversicht, Mut und gesundheitliches Wohlbefinden nach einiger Zeit bei deinen Mitmenschen sichtbar werden.
Probiere es aus. Schäme dich nicht, deine „schönsten und innigsten Gefühle" zu offenbaren. Gib deinem Herzen einen Stoß und sag zu jemand, den du liebst: „Lange hast du nicht so gesund ausgesehen, wie deine Augen heute strahlen". Und bemerke einmal: „Das Alter macht dich sanfter und interessanter, es ist eine Freude, sich mit dir zu unterhalten". Und wenn dir jemand müde erscheint, sag' doch: „Heute siehst du aus, als müßte dir alles gelingen". Sprich öfters Lob aus: „Wie tapfer du bist! Wie ordentlich und tüchtig du bist! Wie wunderbar du kochen kannst! Danke, es hat herrlich geschmeckt! Wie aufmerksam, daß du mir mehr Wirtschaftsgeld gibst! Ich glaube, wenige sind so fleißig und unentbehrlich in der Firma wie du!"
Sage diese Dinge auch, wenn sie noch nicht sichtbar sind.
Und nimm den Menschen, der dir bis zum heutigen Tag immer Zeit und Verständnis geschenkt hat, fest in deine Arme und sprich ein ehrlich empfundenes „Danke" aus.
Könntest Du, und viele andere Menschen, sich überwinden, ein tief empfundenes „Danke" oder ein wahrhaft ehrliches „Es tut mir leid" auszusprechen, dann müßten sich die Menschen nicht ein ganzes Leben lang gegenseitig fragen: „Liebst du mich?"
Vergiß nie das Sprichwort: „Ein ausgesprochenes Wort ist wie ein galoppierendes Pferd, man kann es nie wieder ein-

holen." Darum bedenke, welche Worte du zu deinem *„Heil"* und *„Unheil"* aussendest.

Kapitel V

Zeiten der Liebe

13

Die Yogavollatmung
Bauchhebung

Rippenausdehnung

Brustbeinhebung

14

Die Yogavollatmung
in einem einzigen Ablauf

Wer liebt mich? Wen liebe ich?

Kein Gedicht, kein Lied, kein Theaterstück und kein Film, auch kein Roman, in dem nicht die Liebe in all ihren Formen das Thema ist.
Die Liebe zur Natur, die Liebe zu Tieren, zu Kunstgegenständen, zum Essen und Trinken, zu Besitztümern und zu Menschen. Von vielen Dingen kann man sagen: „Ich liebe sie, ich liebe sie nicht."
„Ich liebe dich" sind drei Worte. Zwischen Menschen ausgesprochen, können sie Glück und Leid auslösen. Es gibt Menschen, die diese Worte tausendmal gesagt haben. Andere haben sie ein langes Leben lang nicht über die Lippen gebracht.
Wo ist dir die Liebe das erstemal bewußt geworden?
War es, als du zu deinen Eltern ins Bett gekrochen bist, und dich, wie ein kleines Tier geborgen und beschützt, zwischen ihnen zusammengerollt hast?
Oder war es, als du deinen kleinen Bruder oder deine kleine Schwester vor anderen Kindern beschützt und verteidigt hast? War es, als du das erstemal von einem Partner in die Arme genommen, geküßt und geliebt wurdest? War es, als du im tiefen Schmerz des ersten Liebeskummers in die Arme eines Elternteils oder in die eines Freundes flüchten konntest und getröstet und geliebt wurdest?
Hast auch du dir schon darüber Gedanken gemacht, ob du wirklich geliebt wirst? Denke dabei an deinen Partner, an dein Kind, an deine Eltern oder an deine Freunde.

Wirst du geliebt?

Weißt du oder glaubst du, daß der Mensch, von dem du möchtest, daß er dich liebt, ebenso empfinden kann wie du? Würde er alle Unbequemlichkeiten auf sich nehmen, um mit dir zusammenleben zu können? Werden seine schönsten Eigenschaften und Talente in deiner Gegenwart sichtbar? Würde er sein eigenes oder euer gemeinsam erworbenes materielles Eigentum gerne mit dir teilen? Hat er für dich Vorsorge getroffen, falls du länger leben solltest als er?

Ist es dir möglich, alle diese Fragen mit „Ja" zu beantworten, ist dir das Geschenk der Liebe zuteil geworden.

Würdest du dem Menschen, an den du jetzt denkst und von dem du dir wünschst, daß er dich mehr liebt als alles andere auf dieser Welt, folgendes nachsehen?

Würdest du diesen Menschen weiterlieben können wie bisher, wenn er dir mitteilt, daß er dich verläßt, weil er mit einem anderen Menschen glücklicher ist, als er es mit dir jemals war? Könntest du dich sogar mit ihm über sein neues Glück freuen? Hättest du die Größe, sein Glück über deines zu stellen und dabei heiter und zufrieden dein Leben weiterzuleben?

Beantwortest du alle Fragen mit einem „ja" gehörst du zu jenen Menschen, denen es gelingt, die Liebe zu anderen über das eigene Gefühl zu stellen.

Bist du ein Elternteil, der alleine sein Kind großgezogen hat, wo also die Liebesbindung *besonders fest geknüpft ist,* wirst

du an das Kind denken, das bereits sein Zuhause verlassen hat, um ein eigenes zu gründen.
Und wenn du freudig an die lustvollen Verhältnisse denken kannst, in denen dein Kind lebt, seit es von dir gegangen ist, und froh darüber bist, daß es umsorgt und gut aufgehoben ist, dann kannst du wirklich sagen, daß du weißt, was Liebe bewirken kann, und wie sehr man an ihr wächst und reift.
Von sich selbst weiß man, daß viele Menschen große Angst davor haben, das auszusprechen, was sie füreinander empfinden. (Ein Ausdruck der Angst, abgewiesen zu werden, aufdringlich zu wirken, mißverstanden zu werden, in Besitz genommen zu werden, zur Verantwortung gezogen zu werden.)
Sie verbergen ihre Liebe oft unter ängstlichen und verschämten Handlungen und verstecken ihr Gefühl hinter groben Worten und ruppigem Verhalten.
Der so Angesprochene, der zwar geliebt wird, dem es aber nie richtig gezeigt wird, kann selbstverständlich nicht unterscheiden, was Wahrheit und was Tarnung ist. Er hat nie etwas anderes erlebt und gesehen, nur das, was ihm gezeigt wurde.
Und so hält manches Kind, das Zuneigung nur unter der Tarnung von scheinbar lieblosen Eltern erlebt hat, eben dieses „getarnte" Gefühl für *die Liebe, die es ersehnt, und zum gesunden Gedeihen brauchen würde*. Es wird einem solchem Kind später sehr schwerfallen (oder sogar unmöglich sein), die Liebesempfindungen und seelischen Sehnsüchte, die es erstmals im Leben empfindet, deutlich auszudrücken und sich mitzuteilen.
Ein anderes Kind, dem die Zuneigung seiner Eltern offen gezeigt wird, kann aus diesem gegenseitig offenen Verhalten erlernen, wie es sich dem ersten Partner, dem es sich mit seinen ersten Liebesempfindungen zuwendet, offenbaren soll.
Trotzdem werden Kinder, welche die Liebe von Eltern offen

gezeigt bekommen, und Kinder, welche die Liebe nur getarnt und als Lieblosigkeit und Grobheit maskiert erleben müssen, *ihre Eltern immer lieben.*

Eltern – Kind – Beziehung

Alleine, daß das Kind seine Lebenszeit bis zur Fähigkeit, sich selbst zu ernähren, fast immer in Gemeinschaft mit den Eltern und umgekehrt verbringt, bindet beide Teile äußerst fest aneinander.
Die Antwort auf die Frage: „Lieben Eltern ihr Kind, und das Kind seine Eltern?" müßte also immer lauten: „Sie lieben einander!"
Ein Kind liebt auch die grausamsten Eltern, wenn es diese als Eltern erkannt und akzeptiert hat. Es wird immer wieder neue Wege suchen und verzweifelt agieren, um wenigstens einmal ein liebevolles Wort von ihnen zu hören.
Ist man sich der Unfähigkeit der Menschen bewußt, bleibt nur eine einzige befriedigende Antwort zum Thema Liebe. Man muß selbst versuchen, alles zu verstehen, was andere nicht verstehen können oder wollen. Man muß versuchen zu verzeihen, was andere nicht verzeihen können oder wollen. Und man muß sich wünschen, daß man vieles *ein wenig klüger, ein wenig dramatischer und grob* macht als die anderen, die *soviel nie wieder gutzumachenden Kummer und Leid* in Menschenherzen zurücklassen. Die Wunden schlagen, die niemals mehr heilen wollen. Denn Wunden seelisch-geistiger und körperlicher Art vermindern die lebensnotwendige Lebensenergie, die durch deine Versorgungsstraßen strömt und schwächen das Abwehrsystem.

Ziel allen Yogas ist es jedoch, aus den verstandesgemäßen Gedankenbildern und der geistig gefühlsmäßigen Ebene des menschlichen Wesens einen *harmonischen, lebenserhaltenden Energiestrom hervorzubringen.*

Jeder Schüler, der sein Leben harmonisch erleben möchte, sollte täglich ein paar Minuten für einige klassische, lebensbejahende Stellungen des Hatha-Yoga aufbringen (Savasana, Ochse, Gebet, Palme, Kobra).

Jedes sanfte Drehen und Biegen des Körpers durch Yogaübungen führt zur inneren Druckmassage der Körperorgane und setzt Lebensenergie frei, die den Körper systematisch reinigt.

Besonders die klassischen Atemübungen wirken belebend und harmonisierend auf alle Körperabläufe. Durch den gleichmäßig fließenden Atem breitet sich tiefe Ruhe in der Gedankenwelt des Übenden aus, und er kann sich dem Herzschlag der Schöpfung nahe fühlen.

Das intensive und bewußte Atmen, das bei keiner einzigen Yogaübung fehlen darf und ganz gezielt vom Übenden gelenkt wird, war schon immer die *Verbindung zwischen weltlicher und sinnlicher Wahrnehmung.* Als *Energienahrung* möchte ich die Yoga-Vollatmung empfehlen, bei der das *Einatmen* und *Ausatmen* ganz bewußt als Abbau von Spannungen und Ängsten empfunden werden soll.

13. Übung – Die Yogavollatmung (Bauchhebung)

Die Yogavollatmung unterstützt die Sauerstoffzufuhr für alle Organe und verhilft zu tiefer Entspannung und Ruhe. Sie wird in 3 Übungsabläufen erklärt. Es wird nur durch die Nase ein- und ausgeatmet.

1. Übungsablauf:

Bild 1

1. Liege im Bett, am Boden auf einer Decke oder im Freien. Lege beide Hände ganz locker auf den Bauch.
2. Atme ruhig und langsam durch die Nase ein, und dehne deinen Bauch mit dem Atemstrom, soweit wie es dir angenehm ist, nach oben.
3. Halte den Atem an, solange es dir angenehm ist.

Bild 2

4. Atme aus, und lasse die Bauchdecke ganz entspannt und locker einsinken.
5. Halte den Atem an, solange es dir angenehm ist, bevor du wieder einatmest.
Wiederhole die Yogavollatmung im 1. Übungsablauf 5 mal, dann beginnst du mit dem *2. Übungsablauf.*

Die Yogavollatmung
(Rippen – Außendehnung)

2. Übungsablauf:

Bild 1

1. Liege im Bett, am Boden auf einer Decke oder im Freien. Lege beide Hände ganz locker auf die Rippenbögen.

2. Atme ruhig und langsam durch die Nase ein und dehne deine Rippen mit dem Atemstrom so weit nach rechts und links aus, wie es dir angenehm ist.

3. Halte den Atem an, solange es dir angenehm ist.

Bild 2

4. Atme durch die Nase aus, und lasse die Rippenbögen sanft zurückgleiten.

5. Halte den Atem an, solange es dir angenehm ist, bevor du wieder einatmest.

Wiederhole die Yogavollatmung im 2. Übungsablauf 5 mal, dann beginnst du mit dem *3. Übungsablauf.*

Die Yogavollatmung
(Brustbeinhebung)

3. Übungsablauf:

Bild 1

1. Liege im Bett, am Boden auf einer Decke oder im Freien. Lege beide Hände locker auf das Brustbein.
2. Atme ruhig und langsam durch die Nase ein und dehne mit dem Atemstrom dein Brustbein nach oben, so weit, wie es dir angenehm ist.
3. Halte den Atem an, solange es dir angenehm ist.

Bild 2

4. Atme durch die Nase aus, und laß das Brustbein sanft nach unten gleiten.
5. Halte den Atem an, solange es dir angenehm ist, bevor du wieder einatmest.
Wiederhole die Yogavollatmung im 3. Übungsablauf 5 mal.

14. Übung
Vollatmung in einem Ablauf

Du atmest ein und versuchst mit „einem einzigen Atemzug“

1. Leicht den Bauch zu heben
2. Leicht die Rippen nach außen zu dehnen
3. Leicht das Brustbein zu heben – den Atem anhalten –
4. um dann so langsam wie möglich auszuatmen.

Wiederhole die Yogavollatmung in einem einzigen Ablauf 10 mal. Und denke dir, wenn du einatmest „Gesundheit“ und wenn du ausatmest „Entspannung“.

Kapitel VI

Urkräfte in und um uns

15
Konzentrationsübung
der Lichtkreis

Du bist einzigartig

Um die geheimnisvollen Kräfte, die Körper und Geist zu überdurchschnittlichen Leistungen befähigen zu verstehen, müssen wir uns mit dem Ursprung der Menschheit auseinandersetzen.
Denken wir über die vollkommenen Gesetze der Naturordnung nach, die das Leben ermöglichen – und bis heute weiterentwickelt haben –, erkennen wir, daß jeder einzelne Mensch etwas *Einzigartiges* ist.
Aus dem großen Geheimnis eines harmonischen Ganzen tauchte alles *Faßbare* und *Sichtbare* auf. Erfassen läßt sich die Schöpfung nicht. Die Klügsten der Menschheitsgeschichte sehen sich im Universum Geschehnissen gegenüber, die von *Sterblichen* nicht durchschaubar sind. Vielleicht liegt es daran, daß Sterbliche Unsinn und Sinn, Erklärbares und Unerklärliches, Meßbares und Nichtmeßbares, Richtiges und Falsches, Gutes und Böses, Tod und Leben zu ergründen versuchen – anstatt es vereint zu lassen, wo es durch *Ergänzung ein Ganzes* ergibt.
Die angeborene Neugier des Menschen hat der Natur viele phantastische Geheimnisse entlockt. So wissen wir heute, daß die Geschichte der Erde und der Menschwerdung wahrscheinlich in dem geheimnisumwobenen Raum, von dem noch niemand weiß, ob er begrenzt oder unbegrenzt ist, begann. Tatsache ist, daß jedes Lebewesen nach einem fest umrissenen Bauplan aufgebaut ist, der sich auf alle Nachkommen überträgt.

Waren unsere Vorfahren Affen?

Niemand weiß Genaues. Der englische Naturforscher Charles Darwin stellte fest, daß sich diejenige Gruppe der Lebewesen weiterentwickelt hat, die sich den Lebensumständen besser anpassen konnte. Es kann möglich sein, daß ein Wesen, von dem die Menschen und die Affen vielleicht gemeinsam abstammen könnten, vor so langer Zeit gelebt hat, daß es weder den Menschen, noch den heute existierenden Affenformen ähnlich war.

1925 wurden Schädelknochen in Südafrika gefunden. Die Knochen gleichen denen eines Affen – aber auch einem Menschenschädel. Den Schädel des primitiven Wesens nannten die Wissenschaftler *Menschenähnlicher Affe*. Geheimnisvoll ist jedoch, daß man auch an anderen Plätzen Knochen des menschenähnlichen Affen fand und daneben Steinwerkzeuge.

Du kannst fragen: Sind es die Werkzeuge der menschenähnlichen Affen gewesen? Oder waren es Werkzeuge von Menschen, die auf ihrer Wanderung von weiß Gott woher diese menschenähnlichen Affen fanden und töteten?

Jedenfalls nimmt die Wissenschaft an, daß die ersten *Menschen* oder *Menschenähnlichen Wesen* schon vor ungefähr vier Millionen Jahren aufrecht gingen. Nicht, um mit Waffen zu töten, sondern, um Nahrung für ihre Angehörigen zu sammeln.

Harmonische Anpassung an Umweltverhältnisse

Es gibt so viele verschiedene Menschen, wie es Gegenden gibt, wo Urmenschen lebten und wo ihre Nachkommen noch heute leben. Es gibt schwarze Menschen im südlichen Pazifik, bronzefarbene in Nordamerika, kleingewachsene Eskimos in Grönland, magere knochige Buschmenschen im südlichen Afrika, gelbhäutige Menschen bewohnen Asien, Watussineger sind zwei Meter groß, Pygmäen sind nur 1,20 m klein. Haarwuchs, Haarfarbe, Körperbau, Augenstellung sind immer den jeweiligen Lebensverhältnissen harmonisch angepaßt.

Und doch haben alle den gleichen prähistorischen Werdegang. Man erkennt deutlich, daß sich alle verschiedenen Rassen unter der Einwirkung besonderer Umweltverhältnisse gebildet haben.

Große Veränderung brachte die *Entdeckung des Feuers.* Niemand weiß, wann und wie es den Urmenschen gelang, Feuer zu entfachen. Es gibt nur Vermutungen darüber. Die Zeitspanne eines Menschenlebens, an seinem Ursprung gemessen, ist verschwindend klein. Aber wir können nachempfinden, wie harmonisch jeder Mensch in seinen Lebensraum und in die Geschehnisse der Schöpfungsgeschichte einbezogen ist.

Alles Leben setzt sich aus ineinanderfließenden Urstoffen zusammen, deren kleinste Teilchen ständig von einer Lebensform zur anderen überwechseln. Alle zur Verfügung stehenden Materialien, auf denen das Leben aufbaut, gelangen von der Erde in den Körper und wieder zurück. Diese kleinsten Teilchen einer chemischen Verbindung aus zwei oder mehreren Atomen (Moleküle) halten den harmonischen Zusammenhalt der Welt aufrecht. Sie bewahren die Temperatur der Erde und ihrer Lufthülle, in der wir atmen

und leben, sowie das Gleichgewicht und die Zusammensetzung im Wasser der Weltmeere. Diese kleinsten Teilchen sind es, die dafür sorgen, daß der Planet Erde als sinnvoll aufgegliedertes Ganzes funktioniert. Alle Mineralien in deinem Körper stammen aus diesem geheimnisvollen Ganzen. Wenn man bedenkt, welch unvorstellbarer Weisheit alles untergeordnet ist, kann man erkennen, daß das Erdenleben nichts anderes ist als die Vorbereitung für weitere neue Erfahrungen, die man machen wird.
Darum sollte das Dasein nicht als etwas Notwendiges betrachtet werden, sondern als etwas Erfreuliches, an dem wir reifen und nach dem wir das Leben gestalten.

15. Übung – Der Lichtkreis

Übungsablauf:

Bild 1

1. Knie oder sitze im Schneidersitz auf einer zusammengelegten Decke. Oder setze dich auf einen Sessel.

2. Deine Arme hängen locker seitlich herunter. Hebe und bewege sie langsam auf und nieder, als wolltest du einen Kreis aus Licht um dich formen. Fahre solange mit der Bewegung fort, bis du die Energie in deinen Händen und um dich herum fühlen kannst.

Bild 2

3. Hebe beide Arme nach oben. Beginne von oben mit beiden Händen einen Kreis nach unten zu beschreiben und schüttle dabei die Hände locker aus dem Handgelenk heraus. Forme einen Kreis um dich und schüttle die Hände so, wie du dir vorstellst, daß Libellenflügel flattern. Deine Hände flattern leicht auf und nieder. Deine Augen sind geschlossen, und ein Lächeln liegt auf deinem Gesicht.

4. In Gedanken schüttelst du so deine Sorgen aus. In Gedanken winkst du liebliches Licht zu dir heran. Fahre solange fort, einen Lichtkreis zu formen, bis du dich leicht fühlst, als wolltest du schweben.

5. Senke langsam die Arme. Lege die Hände in den Schoß und atme eine Zeitlang ruhig durch die Nase.

Kapitel VII

Die Veden

Alte schriftliche Überlieferungen

16
Mantra-Yoga
Tiefe Ruhe durch OM

17
die „Begrüßung“
reinigende Atemübung

17a
„Begrüßung“
fortgeschrittene Technik

18
Entlastung der Wirbelsäule
Harmonisches Umfeld

Die sieben Vitalzonen

Das Yoga erklärt, daß es für jedes Element und seine Kraft eine *Vitalzone* im menschlichen Körper gibt.

Die sieben Elemente des Yogas sind:

Die Erde – das Wasser – das Feuer – die Luft – der Äther – das Sinnesbewußtsein – die Einzigartigkeit der Persönlichkeit.

Treten in diesen Vitalzonen Schwingungen auf, die nicht im Gleichklang mit den sie beeinflussenden *Elementen* sind, kommt es zu Spannungen, die dich unausgeglichen, erfolglos und sogar krank machen können. Kannst du die Spannungen in den Vitalzonen lösen, verhilft das zu einem gesteigerten Wohlbefinden und zu ungetrübter Heiterkeit.

Durch Handpositionen, Yogaübungen oder Klangschwingungen (Mantras) wird über das Nervensystem *Energie* von den dir *bewußten* zu den dir *unbewußten Machtbereichen* verlagert.

Nicht nur Weise und Heilige beschäftigten sich mit gesundheitserhaltenden Praktiken und geistigen Übungsmethoden wie Yoga.

Auch die Priester des griechischen Gottes der Heilkunde, Äskulap, von denen das heilende Wissen als Geheimnis

gehütet und unter dem Siegel der Verschwiegenheit weitergegeben wurde, stellten ihren Dienst in die Erforschung des Menschen und des Zusammenhangs zwischen den Bereichen Geist und Körper.
Yoga nützt die Vitalzonen (Chakren) zur *Vervollkommnung des menschlichen Ich's.* Das in Japan geübte „Jiu-Jitsu" nützt das Wissen über die Vitalzonen zum Herbeiführen der Bewußtlosigkeit oder gar des Todes.
Du weißt vielleicht, daß es eine Beziehung zwischen den 7 Vitalzonen: Beckengeflecht – Nierengeflecht – Sonnengeflecht – Herzgeflecht – Rachengeflecht – Nasengeflecht – Hirngeflecht – der indischen Yogis und den 7 tödlichen „Jiu-Jitsu" Druckpunkten gibt. Beides entspricht genau den überlieferten Vitalzonen aus den Veden.
Das Wissen von der Wirksamkeit der Yogaübungen und von der Wirksamkeit pflanzlicher, mineralischer und tierischer Heilmittel, die die Einheit Geist und Körper in Harmonie halten, wurde bis *heute nicht aus der Krankheitslehre* verbannt.

Die Veden

Die Veden sind die ältesten, aus dem Sanskrit überlieferten Schriften der Menschheitsgeschichte. In ihnen steht zu lesen: „In der menschlichen Gesellschaft muß man arbeiten, um seine Existenz zu erhalten, ganz gleich, ob man als Arbeiter, Kaufmann, Politiker, Beamter oder Wissenschaftler der wissenden Klasse angehört; während du deiner Tätigkeit nachgehst, kannst du dich an die Schöpfung in dir und ihren Schöpfer erinnern, das wird helfen, dich auch in der Todesstunde an deinen Erschaffer zu erinnern."
Es heißt: „Von allen Yogis ist der am engsten mit der Schöpfung und Yoga vereint, der mit starkem Glauben immer in ihr weilt, wie sie in ihm, und seinen Erschaffer im liebevollen Dienst verehrt. Er ist der Höchste von allen."
Das ist so zu verstehen: Wenn deine Auffassungsgabe und Verstandeskraft, deine geistige Begabung, Klugheit und Einsicht immer in Gedanken mit dem Schöpfer beschäftigt sind, dann sind deine Sinne natürlicherweise ebenfalls im Dienst der Schöpfung tätig. Das ist das große Geheimnis der vedischen heiligen Schriften.
Die großen Künstler und Wissenschaftler der Welt waren nur ein gläserner Palast, in dem die Schätze ihrer geistigen Rückerinnerungen – durch ihren Glauben an die übersinnlichen geistigen Kräfte – Gestalt annehmen und sichtbar werden konnten.
Jeder sollte diese Kunst versuchen zu erlernen, wie man mit Geist und Intelligenz einen Tag lang in Gedanken bei sei-

nem Schöpfer verweilen kann. Seine Versenkung wird ihm helfen, wenn er seinen materiellen Körper verläßt, sich seinem Schöpfer in ihm noch unbekannte Lebensbereiche und Wirkungskreise zu erheben.
Denn ein in Yoga verankerter Mensch glaubt nicht nur, daß sein geistiger Körper unsterblich ist, er weiß es!
Der menschliche Geist ist ständig in Bewegung. Er ist von Natur aus ruhelos. Durch eine Harmonieübung, die Klangschwingung, gelingt es aber, tiefe Ruhe und Frieden in das Bewußtsein einfließen zu lassen.
Diese Mantras (Klangübungen) sollen an einem stillen Ort, alleine, oder in einem danach ausgerichteten Kurs selbstvergessen geübt werden. Das wird Möglichkeiten öffnen, sich von ängstlichen und belastenden Gedankenverspannungen zu lösen und frei zu machen.

Klangschwingungen
Mantras

—

Sing dich gesund

Wann hast du Gelegenheit zu singen? Der Gesang, aus reiner Freude am Singen, wird in der heutigen Zeit immer seltener. Nur wenige Menschen singen noch, weil sie ihrer Freude am Leben lautstark Ausdruck geben möchten. Deshalb sind Schallschwingungen für das Wohlbefinden äußerst wichtig. Sie stärken die Gesundheit und bauen Selbstvertrauen auf. Der Klang gewisser Vokale versetzt deine Drüsen in Schwingungen, wodurch sie den Organismus von Unstimmigkeiten säubern.
Als die Yogis die mächtige Wirkung der Schallwirkungen entdeckt hatten, schufen sie ein eigenes Yoga des Schalles, das „Mantra-Yoga".
Mantras beruhen auf einer bestimmten Abfolge von Vokalen. Diese wird in besonderer Weise gesungen, um auf den ganzen Organismus, auf die Nerven, die Drüsen und das Gehirn eine Schwingungswirkung auszuüben. Das Ertönenlassen der Vokale ist sehr beruhigend und überaus entspannend. Sie müssen jedoch mit der ganzen Kraft der Vollatmung ausgeführt werden. Jeder fühlt sich, nachdem er das versucht hat, sofort gestärkt und mit neuer Energie geladen. Ist es dir unangenehm, vor anderen zu üben, gehe ins Badezimmer, oder warte einen Zeitpunkt ab, wo du ungestört bist.
Zuerst atmest du durch die Nase ein, und läßt dann ein durchdringendes IIIIIIIII ertönen, wobei deine Lippen wie

zu einem Lächeln geöffnet sind. Dabei sollen die Laute unter dem Brustbein vibrieren. Der Ton soll durchgehend gleich klingen.
Die Lautfolge ist beendet, wenn wieder eingeatmet werden muß. Einatmen – mit dem Ausatmen das IIIIIIIII ertönen lassen – durch die Nase einatmen – und wieder das IIIII ertönen lassen. Wiederhole das 10 mal. Die Übung darf nicht anstrengend sein. Das Einatmen, das Ausatmen mit dem Laut IIIII, soll so angenehm wohltuend sein, daß du das Gefühl hast, dabei einschlafen zu können, da im Kopf eine deutlich beruhigende Schwingungswirkung zu spüren ist, die sehr angenehm und ein wenig ermüdend empfunden wird. Die Schwingung IIIIIIIII trägt dazu bei, die Gehirnpartien, Augen, Nase und Ohren zu reinigen und schenkt ein Gefühl der Freude. Es gibt viele, auf verschiedenen Vokalen beruhende Tonfolgen, die auf unterschiedliche Teile des Körpers einwirken.

16. Übung – Das Mantra-Yoga (Klangschwingungen)

In keinem anderen Land ist die Macht der Töne und der menschlichen Stimme *so gründlich erforscht worden wie in Indien.* Der Gesang war stets ein wesentlicher Teil aller religiösen Zeremonien. Die Schwingungen gesungener Mantras sind auf die verlorengegange Übereinstimmung mit der Natur abgestimmt worden. Durch das Ertönenlassen bestimmter Lautfolgen wird unsere innere Energie freigesetzt.

IIIII	schwingt im Kopf und beeinflußt alle im Inneren des Schädels liegenden Organe
AAAAA	ist gut für den oberen Bereich der Lunge
EEEEE	beeinflußt den Kehlkopf, die Schilddrüse und löst die Anspannungen bei Depressionen und Angstgefühlen. (Schüler, die für Wochen ihre Stimme verloren hatten, konnten nach dieser Yoga-Übung wieder problemlos sprechen.
OOOOO	versetzt den unteren Teil der Lungen, das Herz, die Leber und den Magen in Schwingungen
MMMMM	wirkt besonders auf das gesamte Nervensystem beruhigend

AAAA – OOOOOOOOO – MMMMMMMMM durchdringt das ganze Universum und führt dich in dein Inneres, du fühlst eine angenehme Vibration unter dem *Brustbein*.

Erinnerungen an ein früheres Leben

Die Geschichte der Entwicklung des Lebens auf der Erde, ausgehend von den Einzellern bis zum Menschen, ist bis zum heutigen Tage nur bedingt bewiesen. Es ist noch nicht gelungen, *die Bindeglieder* aufzudecken, die den Menschen mit den früheren Entwicklungsstufen verbinden.
Aus diesem Grund wäre es denkbar, daß in den Zellstrukturen Erinnerungen an ein früheres Leben erhalten geblieben sind. Besonders Phantasie und Traum sind auf geheimnisvolle Weise mit der Vergangenheit verbunden. Nicht umsonst sprechen wir von unserem früheren Leben, obwohl niemand beweisen kann, daß unser vertrautes *Ich* in ähnlicher Form schon einmal gelebt hat.
Gibt es Erinnerungen an ein früheres Leben? Warum nicht? Jemand ruft beim Anblick einer Landschaft aus: „Ich habe diesen Ort schon einmal gesehen. Ich kenne ihn, obgleich ich niemals hier gewesen bin."
Auf diese Weise könnte man erklären, warum wir uns zu manchen Dingen hingezogen fühlen, gegen andere wiederum eine Abneigung haben. Wenn du ein Nahrungsmittel verabscheust, wurdest du vielleicht in einem anderen Leben damit vergiftet. Wenn du dich vor Wasser oder Feuer fürchtest, bist du vielleicht in einem anderen Leben darin umgekommen.
Das kann auch der Grund sein, daß du die Wüste liebst, die Berggipfel suchst, ein ganz bestimmtes Jahrhundert faszinierend findest, Pferde magst und Blumen und tausend

Dinge mehr, die dich vielleicht in einem vorherigen Leben glücklich gemacht haben.
Es gibt nur wenige Menschen, denen das Herz nicht schmerzt, wenn sie die Verluste wahrnehmen, die ihr Heimatplanet erduldet. Und ich glaube nicht, daß es eine Mutter gibt, die nicht alles geben würde, um ihr Kind in eine unzerstörte Welt entlassen zu können. Die Verbundenheit jedes einzelnen mit der Erde und ihren unerschöpflichen Schönheiten kommt in einer tausende Jahre alten Atemübung zum Ausdruck. Sie heißt *„Die Begrüßung"* und wird mit fließenden, langsamen Armbewegungen, die als Ergänzung zur Atmung dienen, ausgeführt.
Der Text der 3 Verse, die du sprichst, wird in dir Erinnerungen an die Geheimnisse und die Reichtümer der Erde wachrufen, für die du in deinem Unbewußten Dank und Zugehörigkeit empfindest.
Die **„Begrüßung"** muß wie ein „Gebet" ausgeführt werden. Sie ist eine heilige Yogaübung und hat bei vielen Schülern Nervenverspannungen, Hauterkrankungen durch Nervenüberlastung, Druckgefühle in der Brust und depressive Stimmungen zum Abklingen gebracht. Selbst bei Multipler Sklerose wurde diese Übung positiv eingesetzt.
Versuche dir vorzustellen: Ein Vogel, der zum Himmel aufsteigt, singt die „Begrüßung". Eine Blume, die ihre Blütenblätter öffnet, atmet die „Begrüßung". Ein Baum, der seine Äste im Wind wiegen läßt, bewegt sich in der „Begrüßung". Das Meer schaukelt auf seinen Wellen jedes Wort der „Begrüßung" um die Welt. Versuche zu fühlen, daß du selbst und alles um dich herum, im ewig harmonischen Gleichklang von Liebe, Zärtlichkeit und Schönheit schwingt und atmet.
Lade deine geistigen und materiellen Energien auf mit allesdurchdringender und lebensspendender Lebensenergie, wenn ein Gewitter tobt. Wenn Blitze ihr grelles Licht über

dir ausschütten, dann atme die *„Elektrische Urkraft"* durch deine Hautporen in dich ein und sprich in Gedanken die „Begrüßung".
Die „Begrüßung" wird einmal geübt. Gefällt sie dir, kannst du sie wiederholen, so oft du möchtest. Deine Stimme wird dann immer leiser, du wirst müde, und zum Schluß denkst du die Sätze nur, während du immer tiefer und ruhiger atmest.
Ist jemand sehr verspannt, wird er während der Übung an diesen Stellen Wärme oder sogar Hitze fühlen. Das ist ein Hinweis, daß die blockierte Energie wieder frei fließen kann.
Die nun folgende Bildtafel zeigt den Ablauf der Übung. Übe zuerst die Grundtechnik, indem du die Bildtafel mit der Beschreibung des Übungsablaufs vor dich legst. Erst dann füge die Verse bei, die du anfänglich abliest.
Während du die „Begrüßung" ausführst und wenn du die Verse auswendig kannst, schließt du dabei die Augen. Das vertieft die Atmung und verlängert die Atempause.
Möchtest du dich von schlechten Gewohnheiten lösen, übe die Begrüßung ohne Verse und denke dabei: „Mein wunderbarer Körper wird immer reiner und reiner. Mein wunderbarer Körper wünscht sich von mir, daß ich ihn nur mit dem versorge, was für mich liebevoll, zärtlich und schön ist."

17. Übung – „Begrüßung“ als reinigende Atemübung

Sitze im Schneidersitz auf einer zusammengelegten Decke. Oder setze dich in einen Sessel, so daß du die Arme frei be-

wegen kannst. Bist du bettlägrig (hier sind *Atemübungen besonders wichtig),* stütze deinen Rücken mit Polstern ab. Sprich die Sätze der Begrüßung deutlich und klar, während du gleichzeitig die Arme im gezeigten Bewegungsablauf anmutig bewegst.
Lege die Beschreibung anfangs vor dich hin. Erst wenn du den Rhythmus von Atmung und Bewegung beherrschst, versuche die Sätze mitzusprechen. Kannst du auch das, übe die „Begrüßung" mit geschlossenen Augen, ganz selbstvergessen und in dich gekehrt.

Übungsablauf:

Bild 1

1. Atme ein – hebe gleichzeitig die Arme in einem schönen Kreis nach oben. Entspanne dein Gesicht und lasse ein Lächeln um deine Lippen spielen.

2. Halte den Atem an – bleibe angenehm entspannt in dieser Position.

Bild 2

3. Atme aus – beuge dich leicht nach vorne und lege die Hände leicht auf dem Rücken zusammen.

4. Halte den Atem an – bleibe angenehm entspannt in dieser Position.

Bild 3

5. Atme ein – hebe gleichzeitig die Arme in einem Kreis nach oben.

6. Halte den Atem an – bleibe angenehm entspannt in dieser Position.

Bild 4

7. Atme aus – bleibe gerade und entspannt sitzen und lasse deine Arme langsam nach unten sinken.

17a. Übung – Fortgeschrittene Technik „Begrüßung“

Beherrschst du diese „Grundtechnik“ mit fließend harmonischen Atemabläufen, kannst du die „Fortgeschrittene Technik“ versuchen.

Übungsablauf:
Erster Vers

Bild 1
1. Hebe die Arme in einem Kreis nach oben – sage gleichzeitig: „Ich grüße die göttliche geistige Macht – die hohe Führung, die über mir waltet“
2. Mache eine kleine Pause

Bild 2
3. Beuge dich leicht nach vorne und lege die Hände leicht auf dem Rücken zusammen – sage gleichzeitig: „Und ich neige mich in Ehrfurcht und Liebe vor allem was über mir ist“
4. Mache eine kleine Pause

Bild 3
5. Hebe die Arme in einem schönen Kreis nach oben – sage gleichzeitig: „Göttliches Licht durchstrahlt mein Wesen“
6. Mache eine kleine Pause.

Bild 4
7. Bleibe gerade und entspannt sitzen – senke deine Arme ganz langsam – sage gleichzeitig: „Und leuchtet hinaus in die Welt“.

Zweiter Vers

Bild 1

1. Hebe die Arme nach oben – sage:
„Ich grüße die Menschen, mit denen ich zusammen bin und denen ich begegne"
2. Mache eine kleine Pause

Bild 2

3. Beuge dich leicht nach vorne, lege die Hände auf den Rücken – sage:
„Und ich neige mich in Ehrfurcht und Liebe vor allen, die neben mir und um mich sind"
4. Mache eine kleine Pause

Bild 3

5. Hebe die Arme nach oben – sage:
„Göttliche Liebe durchströmt mein Herz"
6. Mache eine kleine Pause

Bild 4

7. Bleibe gerade sitzen, senke die Arme – sage:
„Und fließt hinaus zu meinen Mitmenschen"

Dritter Vers

Bild 1

1. Hebe die Arme nach oben – sage:
„Ich grüße die Mutter Erde, die mich trägt und erhält, die Sonne, den Mond, die Felder und Wälder, das Wasser und alle Tiere"

2. Mache eine kleine Pause

Bild 2

3. Beuge dich leicht nach vorne, lege die Hände leicht auf den Rücken und sage:
„Und ich neige mich in Ehrfurcht und Liebe vor allem, das unter mir ist"

4. Mache eine kleine Pause

Bild 3

5. Hebe die Arme nach oben – sage:
„Göttliche Liebe durchfließt meine Seele"

6. Mache eine kleine Pause

Bild 4

7. Bleibe gerade sitzen, senke die Arme – sage:
„Und diese Liebe lege ich um die ganze Welt"

Wenn du die „Begrüßung" wirklich beherrschst, kannst du die Verse anstatt zu sprechen auch denken, während du die „Begrüßung" langsam und selbstvergessen übst.

Geschriebene Überlieferungen

Bereits vor etwa 5000 Jahren wurden Begebenheiten aufgeschrieben. Auf Steintafeln, Tonplatten, Tierhäuten oder Papier können wir Überliefertes und selbst Erlebtes unserer Vorfahren entziffern.
Die ältesten Quellen, die der Menschheit bis heute zugänglich sind, wurden von Heiligen und Weisen zusammengefaßt. Die gesamte Lehre der Veden, wie man die ältesten Schriften der Menschheitsgeschichte nennt, bezeichnet man als „Ewige Religion". Sie wurden in „Sanskrit" geschrieben. Sanskrit ist die bis heute lebendig gebliebene altindische Sprache der Literatur und der Wissenschaften. Der Inhalt der Veden gleicht in fast allen wesentlichen Punkten der Lehre Jesu. Aus den sittlichen Geboten entnimmt man, daß diese den 10 Geboten der Bibel inhaltlich gleich sind.
Astrologische Abhandlungen in den Veden erklären die auf die Sonne als *Mittelpunkt* bezogene Bewegung der Planeten. Sonnen- und Mondfinsternis wurden bereits errechnet. Die *Kugelform* der Erde war bekannt, sowie das reflektierende Licht des Mondes und die *tägliche Drehung der Erde um die eigene Achse*. Die Existenz der *Fixsterne* in der Milchstraße, das Gesetz der *Schwerkraft* und andere *wissenschaftliche Tatsachen* wurden in den Veden vor 5000 Jahren angesprochen, die im Abendland erst zur Zeit von Kopernikus und Newton, 16. Jahrhundert, bekannt wurden.

Auch das Yoga und die Wissenschaft über Yoga, der Technik zur Erlangung des *Inneren Gleichgewichts von Geist und Körper*, stammt aus den tausende Jahre alten Aufzeichnungen.
Yoga bezieht *7 Elementarkräfte* als die wesentlichen Bestandteile allen Lebens in seine Lehre ein. Sie sind in der ganzen Schöpfung, vom Atom angefangen bis zum Menschen, eingebettet.

18. Übung – Wirbelsäule entlasten

Nicht nur Übungen, die mit Bewegung verbunden sind, entlasten die Wirbelsäule, sondern auch ausgesprochene Ruhestellungen in der richtigen Lage.
Etwas sollst du dir immer bewußt machen: daß für die Wirbelsäule und die Muskeln, die mit ihr verbunden sind, einige Dinge belastend sind.
Dazu gehören: Überanstrengung, Kälteeinwirkung (wie ungeheiztes Schlafzimmer), Übermüdung. Jede Art von Wärme und Durchblutung jedoch tut der Wirbelsäule gut.
Während du die Übung ausführst, solange es angenehm ist, denke daran, daß die *inneren Organe* durch Nervenstränge mit der Wirbelsäule verbunden sind. Wende auch ihnen deine Aufmerksamkeit zu und fühle die Wärme, die deinen Körper durchströmt.

Übungsablauf:

1. Knie dich auf eine zusammengelegte Decke und lege dein Kinn in beide Hände. Deine Finger liegen locker auf den Wangen. Lege ein Lächeln auf dein Gesicht und denke daran, daß diese Stellung auch die Stellung des Kindes genannt wird.

2. Atme langsam durch die Nase. Deine Augen sind geschlossen und du beobachtest deine Rippenbögen. Während des *Einatmens* dehnen sie sich nach außen – während des *Ausatmens* ziehen sie sich elastisch zusammen.

Kapitel VIII

Wie siehst du deine Zukunft

19
Stärkung der Stimmbänder

20
Konzentrationssteigerung

21
gegen Ermüdung

22
Stärkung des Denkvermögens

23
Halswirbelsäule lockern

24
Muskelentspannende Lockerungsübung

25
Entspannung im Bett

26
Beatmung des Kreislaufmeridians

Wo findest du den Garten Eden im Jahre 2000?

Das Sterben der Natur auf der Erde sieht jeder beobachtende und denkende Mensch. Der Einsichtige unter ihnen versucht den Garten Eden zu verteidigen und zu bewahren; der Uneinsichtige vermarktet ihn und schlachtet ihn aus. Die führenden Verantwortlichen der Welt gehen oft gewinnbringende Wege. Sie locken mit materiellen Versprechungen, die die Vernichtung des eigenen Lebensraums unterstützen und der dann durch toten Besitz ersetzt werden soll.

Der Einsichtige aber sucht nach Lösungen, die den natürlichen Kreislauf erhalten und bei denen der materielle Besitz als sekundär betrachtet wird.

Trotz aller Warnungen aus der Natur, herrscht unter den meisten Völkern der Irrglaube, daß die Natur unerschöpflich sei; aber die tiefgreifenden Wunden, die der Natur bereits zugefügt wurden, werden auch in Tausenden von Jahren nicht heilen können.

Liebe – Zärtlichkeit – Schönheit

Die Geschichte des Lebens hat in einem fernen Zeitabschnitt begonnen, dessen Anfang wir ebensowenig kennen wie dessen Ende. Sie brachte Entwicklungen hervor, die nur vorhanden sind, weil die harten Lebensbedingungen und

die natürliche Auslese den stärkeren Geschöpfen mehr Möglichkeiten zur Vermehrung bot als den schwachen Geschöpfen.
Die Wurzeln unserer Abstammung ruhen fest in der Vergangenheit, nach deren uralten Gesetzen unsere Herzen auch heute noch schlagen. Kann der einzelne in seiner Lebensumgebung jene Verhältnisse nicht herstellen, die zu seiner innersten Vorstellung von Gleichklang gehören, wächst in ihm das Gefühl von Unzufriedenheit und Aggression oder er wird depressiv.
Jedes Jahr sind immer mehr Schüler in unseren Kursen, welche die Verbindung zu den lebenserhaltenden inneren Kräften in sich selbst nicht mehr finden können und die Freude am Leben verlieren, obgleich sie an keiner organischen Krankheit leiden, und meistens auch nicht in materieller Armut leben. Es ist nicht schwer zu erklären, wie es dazu kommt.
Dein ganz persönliches *Ich* wurde aus den *Ureigenschaften* geschaffen und aufgebaut. Es sind das die *Liebe, Zärtlichkeit und deine ganz persönliche Vorstellung von Schönheit. Diese Ureigenschaften sind unberührt von Zeit und Tod dein Eigentum. Es liegt nur an dir, sie sichtbar zu machen.*
Liebe, Schönheit und Zärtlichkeit: das bist *du*, und das brauchst *du* in deiner natürlichen Umgebung, um ausgeglichen zu sein und den Anforderungen des täglichen Lebens gerecht werden zu können.
Nur in einem Umfeld, wo *du* diese drei angeborenen Ureigenschaften *deiner Persönlichkeit* aufnehmen und zurückstrahlen kannst, wird *dein* Körper und *dein* Geist gedeihen können und die *dir* angemessene Geisteshaltung einnehmen.
Es ist *deine höchste Pflicht,* dich Dingen und Menschen zuzuwenden, die in deinem Inneren Liebe, Zärtlichkeit und Schönheit zum Schwingen bringen.

Dein Unbewußtes ist mit der Schöpfung verbunden, seit es sie gibt. Die Verbindung mit dem Schöpferischen kannst du nicht abbrechen.
Sie offenbart sich dir, wenn du – deinen Empfindungen nach – schöne Musik hörst, Kunstschätze betrachtest, über Schönes sprichst oder darüber liest.
Wende dich von Häßlichem, Lautem, Gewöhnlichem, Ordinärem, Brutalem und Grausamem ab. Wie kann ein Mensch tief und friedlich schlafen, wenn er sich vorher einen Film angesehen hat, der alles aufzeigt, was grausam, verletzend und unmenschlich ist? Du kannst dich nicht aus der Unendlichkeit der Schöpfung herauslösen, die dich herführte und die dich heimführen wird, um dich noch liebenswerter, zärtlicher und schöner zu gestalten, als du es schon jetzt sein könntest. Du selbst mußt dich von allem trennen und zurückziehen, das dich nicht wunderbar und einmalig sein läßt, weil es eben einfach *nicht zu dir paßt.*

Löse dich von Schattengesichtern

Die Art, auf die jeder von uns anfängt, körperlich und geistig zu sterben, nennt man eine „psychosomatische Handlung". Jeder von uns beginnt sich selbst zu töten durch „Mißbrauch seiner Beziehung von Körper und Geist". Das heißt, man muß sich fragen, wer ist der Mörder des höheren Bewußtseins, der *lebenserhaltenden Energien*? Es sind die negativen Gefühle. Die *lebenserhaltenden Energien* im höheren Bewußtsein werden getötet, wenn du lügst, wenn du stiehlst, wenn du dich nicht beherrschen kannst und maßlos ißt und trinkst oder wenn du alle Dinge, alle materiellen Güter „mißbrauchst".

Alle Güter der Erde, alle Früchte der Erde, alle geistigen Früchte menschlicher schöpferischer Arbeit sind zu unserem Genuß und zu unserer Freude da, vorausgesetzt, unser Bewußtsein ist nicht „nur auf ihren Erwerb ausgerichtet". Du mußt dich fragen: „Besitze ich diese Güter, oder besitzen sie mich?"
Löse dich von Schattengesichtern. Sie haben die Freiheit der Gedanken, der Entscheidung der Lebensart, verloren.
Laß dich niemals hinunterziehen zu den armen, verunsicherten Schattengesichtern, die bereits ein „Herzeige-Benehmen", ein „Herzeige-Gesicht" tragen, weil sie sich selbst nicht mehr finden können.
Die persönliche Ausstrahlung eines Menschen zeigt deutlich, daß Jugendlichkeit, Charme und Faszination nichts mit dem Alter, dem materiellen Besitz oder der Macht zu tun haben. Eine unübersehbare Ausstrahlung hat immer nur ein Mensch, egal welcher Herkunft und welchen Alters, der nicht zu den Schattengesichtern gehört.
Schattengesichter lassen sich von verantwortungslosen Führern führen und „verführen", sich von ihren unvergänglichen Werten zu lösen, um sich vergänglichem toten Besitz zuzuwenden. Sie sind die „Ärmsten dieser Welt". Nicht nur ihr Besitz ist vergänglich, sie beginnen mit jedem Tag körperlich und geistig ein wenig mehr zu sterben. Sie schließen sich den Legionen psychosomatisch Erkrankter an.
Du bist etwas Außergewöhnliches durch den inneren Besitz von Liebe, Zärtlichkeit und deinem Gefühl für Schönheit und Anständigkeit.
Du mußt nicht haben, was die *Mans* glauben, haben zu müssen; um unter den *Mans* einer von vielen *Niemands* zu sein.
Atme jeden Augenblick alles an Schönheit ein, an Erfolg und an Gesundheit, was dir zusteht. Der Atem verbindet dich mit der geistigen Kraft in deinem höheren Bewußtsein, die deine lebenserhaltende Energie darstellt.

Stärke bewußt deine Geistes- und Willenskraft

Dein Leben ist aufregender, wenn du noch mehr Neugier für alles um dich herum empfindest, bewußt die Menschen beobachtest und von ihnen lernst, was du geschickter oder besser machen könntest und indem du deine Gedanken all jenen Dingen zuwendest, die deine schöpferischen Talente anregen.

Dafür gibt es eine Serie von vier sehr einfachen Übungen; sie erfordern kaum körperliche Anstrengung und haben eine sehr wohltuende Wirkung auf den ganzen Organismus.

Blasebalgatmung

1. Stelle dich mit geschlossenen Beinen auf. Deine Arme hängen locker herunter.
2. Atme jetzt *schnell durch die Nase ein – und schnell und kräftig wieder aus. Wiederhole* dieses schnelle Ein-Atmen und Aus-Atmen. Stell dir vor, du atmest durch die Nase wie eine Lokomotive, die immer schneller und schneller fährt. Übe 10 Atemzüge ganz bewußt und du wirst merken, daß dein Zwerchfell wie ein Blasebalg arbeitet.
Beherrschst du die Atmung und findest sie angenehm, wirst du folgende Übungen anschließen. Sie sind eine große Hilfe für alle „Kopfarbeiter" und für Menschen, die viel sprechen müssen und im Licht der Öffentlichkeit stehen.

19. Übung – Stärkung der Stimme

20. Übung – Stärkung der Konzentrationskraft

Die folgenden 4 beschriebenen Übungen erweisen sich als große Hilfe bei geistiger oder nervöser Überanstrengung. Da sich die Luftzufuhr im Blut durch die Blasebalgatmung steigert, erlangst du eine bessere Versorgung der Gewebe im Gehirn.

19. Übung – Stärkung der Stimme

Übungsablauf:

Bild 1

1. Stehe gerade mit geschlossenen Beinen. Der Mund bleibt geschlossen. Die Augen sind weit geöffnet.
2. Konzentriere dich auf deine Stimmbänder und atme nach der Blasebalgatmung – *schnell durch die Nase ein* und *schnell und kräftig wieder aus.* Wiederhole den Atmungsvorgang 20 mal.

Die schnelle und übertriebene Atmung lüftet und reinigt die Atemwege. Lispeln und unklares Sprechen kann überwunden werden. Die Stimme wird volltönender und kräftiger und die Stimmbänder werden gestärkt.

20. Übung – Stärkung der Konzentrationskraft

Übungsablauf:

Bild 2

1. Stehe gerade mit geschlossenen Beinen. Entspanne mit einem Lächeln dein Gesicht.
2. Falte die Hände zum Gebet und presse die Handflächen fest aneinander. Drücke die gefalteten Hände gegen das obere Brustbein und konzentriere dich auf den „höchsten schöpferischen Ursprung". *Atme ruhig und langsam 20 mal.* Beende die Übung behutsam.

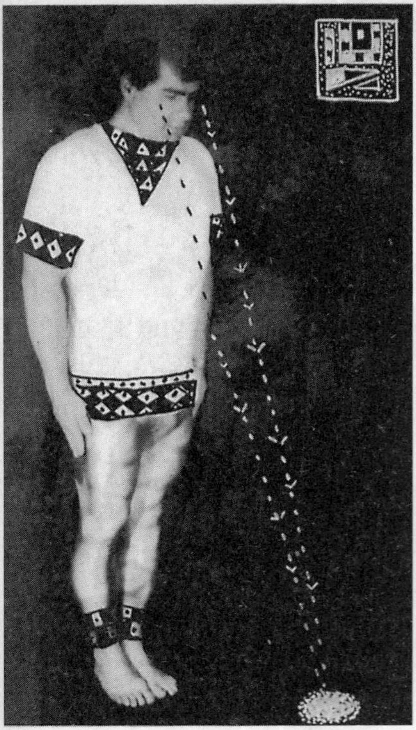

21. Übung – Stärkung der Gedächtniskraft – gegen Ermüdung

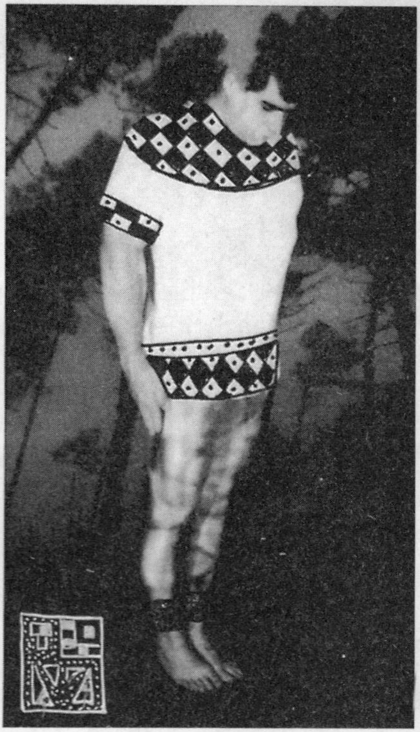

22. Übung – Stärkung des Denkvermögens

Diese Übung hilft gegen geistige Ermüdung. Dein Gedächtnis bessert sich merklich. Hilfreich für jeden, dessen Arbeit geistige Anstrengung und nervöse Erschöpfung mit sich bringt.

21. Übung – Stärkung der Gedächtniskraft

Übungsablauf:

Bild 3

1. Stehe gerade mit geschlossenen Beinen. Der Kopf bleibt in seiner normalen Lage, und du blickst auf einen Punkt ca. 1 1/2 m vor deinen Zehen. Der Mund bleibt geschlossen.

2. Während du den Punkt konzentriert fixierst, *atmest du schnell durch die Nase ein und schnell und kräftig wieder aus.* Wiederhole das 20 mal.

22. Übung – Stärkung des Denkvermögens

Übungsablauf:

Bild 4

1. Stehe gerade mit geschlossenen Beinen. Rücken durchgedrückt. Senke dein Kinn, so daß es auf dem oberen Brustbeinende ruht und konzentriere dich auf den Punkt am Hinterkopf, an dem die Wirbelsäule ausläuft.

2. Während du dich auf den Punkt mit geschlossenen Augen konzentrierst, *atmest du schnell durch die Nase ein und schnell und kräftig wieder aus.* Wiederhole das 20 mal.

Muskelverspannungen entstehen im Kopf

80 % aller Muskelverspannungen des Nacken-, Schulter-, Rücken-, Kopf- und Beckenbereichs kommen *aus häßlichen, ängstlichen, demütigenden Gedankenbildern,* die sich im Kopf festgesetzt haben.

Die Ehefrau, der Ehemann fühlt sich unwichtig und unbeachtet, grob und ohne Aufmerksamkeit behandelt oder gar betrogen. Eine Mutter fühlt sich von ihren erwachsenen Kindern in die Ecke gestellt und nicht mehr gebraucht, oder von allen ausgenützt wie eine Dienstmagd. Der Berufstätige, die Berufstätige fühlt sich unterbewertet, nicht akzeptiert, unterbezahlt, schikaniert und von tüchtigeren oder jüngeren Kollegen herausgefordert. Die unausweichliche Folge davon sind oft Muskelverspannungen im Kopfbereich, in den Schultern, den Armen, im Herzen und im Beckenbereich. Im Nacken begleitet von Kopfschmerzen und Migräne.

Hat man solche Schmerzen, geht man zum Arzt. Diagnose: man ist organisch gesund! Der Arzt versucht zu helfen. Mit Massagen (Beschwerden werden oft intensiver), mit Bestrahlungen und schmerzlindernden Medikamenten. Alle diese Behandlungen bringen nach Aussagen vieler Betroffener nur einen geringen oder keinen bleibenden Erfolg. Das ist verständlich, die Ursachen der Schmerzen sind ja nicht im organischen Bereich zu suchen.

Der verzweifelte, schmerzgeplagte Patient versucht nun bei einem Psychotherapeuten sein Heil. Auch das oft nur mit mäßigem Erfolg, der auf Dauer keine entspannten Zustände

herbeiführt. Selbst in der Klinik für Nervenleiden findet er keine Hilfe. Denn die Nerven sind ja nicht krank, es sind immer noch die belastenden Gedankenbilder, die der Betroffene nicht bewältigen kann. Erleichterung hätte der Verspannte sofort, könnte er „aufhören zu denken".
Das aber ist nicht so leicht zu bewerkstelligen. Das Herz ist unruhig, die Gedanken beschäftigen sich flatterhaft. Dieser Zustand kann oder möchte nicht verändert werden. Es ist schwer, die Situation aus eigener Kraft zu verändern, um gesund zu werden.
In dieser Situation versucht Yoga, dir Übungen und Denkbereiche anzubieten, die dir helfen, wieder in harmonischen Zustände zurückzufinden und die in dir vorhandenen Heilkräfte umzusetzen.

23. Übung – Halswirbelsäule lockern

Eine beruhigende Atemübung für eine verspannte Halswirbelsäule. Schließe die Augen während du harmonisch den Kopf einmal rechts, einmal links hinuntergleiten läßt und wieder langsam hochatmest.

Übungsablauf:

1. Lege dich auf eine zusammengelegte Decke auf deinen Bauch. Lege deine *rechte Faust* über deine *linke Faust*. Lege deinen Kopf mit dem Kinn in das kleine Grübchen in der oberen Faust.

2. Atme ein. Mit der *Ausatmung* läßt du deinen Kopf langsam auf die rechte Seite gleiten – mit der *Einatmung* hebst du deinen Kopf langsam wieder zur Mitte hoch – einmal *links* und einmal *rechts*. Mit dem *Ausatmen* den Kopf nach unten gleiten lassen – mit der *Einatmung* den Kopf wieder anheben. Wiederhole das 10 mal.

3. Jetzt wechselst du die Fäuste. Lege die *linke Faust* auf die *rechte Faust* und beginne wieder einmal rechts und einmal links mit dem *Ausatmen* – den Kopf seitlich nach unten gleiten lassen – mit dem *Einatmen* den Kopf langsam wieder zur Mitte hochheben. Wiederhole das 10 mal.

Versuche immer – noch ruhiger – noch harmonischer – die Atmung mit der Bewegung deines Kopfes und deiner Halswirbelsäule zu vervollkommnen. Diese Übung wirkt auch sehr entspannend bei nervösen Erschöpfungszuständen und Kopfschmerzen.

24. Übung – Muskelentspannende Lockerungsübung

Diese Übung ist bei akutem Bandscheibenvorfall *nicht erlaubt.*

Lege dich auf eine Decke, besser noch auf einen Teppich, auf dem deine Füße rutschen können, wenn du sie locker an dich heranziehst. Die Füße schleifen am Boden, wenn sie herangezogen werden, sie dürfen nicht vom Boden abgehoben werden.

Übungsablauf:

1. Liege entspannt auf dem Boden, Arme und Beine leicht gegrätscht, wie auf Bild 1.
2. *Einatmen* – gleichzeitig werden die Arme hochgehoben, die Beine herangezogen.
3. *Ausatmen* – gleichzeitig Arme und Beine schwer fallen lassen
4. Fahre mit der Übung fort – indem du *einatmest* und die Glieder hochziehst
5. *Ausatmen* – die Glieder schwer fallenlassen.
6. *Gelöstes Einatmen* – Glieder hochheben
7. *Verspannungen ausatmen* – Glieder fallenlassen

Es sind mindestens 30 Übungsabläufe notwendig – bei schweren Verspannungen 50.

Gibt es einen feinstofflichen Energiekörper?

Der sichtbare, materielle Körper ist von einem Versorgungsnetz durchzogen, das ihm alles zuführt, was für sein Wohlbefinden nötig ist.
Der Yogi glaubt an einen geistig-astralen Körper, der aus Energie besteht und nach dem „Ablegen des sichtbaren materiellen Körperkleides" fortlebt. Auch der astrale Energiekörper ist von einem Versorgungsnetz durchzogen, das ihn mit feinstofflicher Nervenkraft versorgt. Die Straßen, die diese geheimnisvolle Lebensenergie weiterleiten, nennt man im Yoga *„Nadis"*. Diese Energie kann mit Geräten zur Aufzeichnung von Herzbewegungen (Kardiograph) aufgezeichnet werden. In dem Augenblick, in dem der sichtbare materielle Körper nicht mehr von dieser Energie durchströmt wird, ist der sichtbare Körper unbeseelt und tot.
Yogis wissen, daß im inneren und um den äußeren Körperbereich unsichtbare Energien kreisen. In China fand dieses Wissen in der Praxis der „Akupunktur" Ausdruck, einer Heilmethode, die Krankheiten dadurch zu heilen versucht, daß die Energieströme im erkrankten Körperteil durch den Einstich goldener und silberner Nadeln beeinflußt werden.
Ausnahmslos alle Schüler bestätigen, daß sie diese feinstofflichen Nervenkanäle empfinden und fühlen können. Immer ist das Wahrnehmen dieser Lebenskraft mit dem Gefühl von Wärme verbunden.
Ich zeige zwei sehr einfache Yogaübungen. Mit diesen beiden Übungen kannst du selbst ausprobieren, ob es dir mög-

lich ist, dein Versorgungsstraßennetz im Körper bewußt wahrzunehmen und das beruhigende Strömen darin zu fühlen.
Die beiden Übungen werden im Bett vor dem Schlafengehen gemacht. Du sollst darüber nachdenken, daß du einen großen Teil deiner Lebenszeit im Bett verbringst. Während du schläftst, wirkt die Ausstrahlung des Raumes, in dem du ruhst und dich erholst, auf dich ein. Sie beeinflußt dich ein Leben lang immer dann, wenn du entspannt und offen bist.

25. Übung – Entspannung im Bett – Körperübung

Übungsablauf:

1. Lege dich bequem in dein Bett. Arme und Beine sind locker, Handflächen zeigen nach unten.
2. Atme bewußt in deine Fersen. Halte den Atem an und drücke die **Fersen** fest ins Bett. Atme aus und entspanne die Füße.
3. Atme in deine Gesäßbacken. Halte den Atem an und presse die **Gesäßbacken** zusammen. Atme aus und entspanne deine Gesäßbacken.
4. Atme in deine beiden Handflächen. Halte den Atem an und presse die **Handflächen** fest in dein Bett. Atme aus und entspanne die beiden Hände.
5. Atme in deine beiden Schulterblätter. Halte den Atem an und drücke beide **Schulterblätter** fest in dein Bett. Atme aus und lasse beide Schulterblätter ganz locker.
6. Atme in deinen Hinterkopf ein. Halte den Atem an und presse den **Hinterkopf** fest in deine Polster. Atme aus und entspanne und lockere deinen Hinterkopf.
Diese Übung entspannt und durchblutet. Sie sorgt für einen tiefen, erholsamen Schlaf und für die Stärkung deines Abwehrsystems.

26. Übung – Beatmung des Kreislaufmeridians

Übungsablauf:

Arme und Beine sind locker, Handflächen zeigen nach oben.

Stell dir wie bei einem Thermometer einen Punkt in der Mitte deines Kopfes vor. Und einen Punkt auf der Spitze des rechten Mittelfingers.

Atme jetzt langsam von der Spitze des **„rechten Mittelfingers“** durch den Unterarm – Oberarm – Schulterbogen – in die **Mitte des Kopfes**. Halte kurz oder auch länger den Atem an und atme dann hinunter in die Spitze des „rechten Mittelfingers“.

Fahre mit dieser Übung ruhig und gleichmäßig fort. Beginne mit 15 Atemzügen – später kannst du auf 30 Atemzüge erweitern.

Diese Übung entspannt und beruhigt. Sie harmonisiert den Blutdruck, den Herzschlag und läßt die Lebensenergie gezielt durch die Versorgungsstraßen deines Kreislauf-Straßen-Netzes strömen. Vermindert die Kreislaufbeschwerden.

Welche Ausstrahlung hat dein Schlafzimmer?

—

Das Schlafzimmer sollte ein gemütlicher Aufenthaltsort sein, in dem man sich gerne aufhält und nicht nur eine „Schlafstätte". Hier werden gemeinsam Probleme gelöst und Zwistigkeiten beigelegt. Einer sieht den anderen auch dann, wenn er krank ist, oder unter drückenden Sorgen leidet und deshalb von Schlaflosigkeit geplagt wird.
Der Schlaf in einer harmonischen Umgebung bietet die Gelegenheit, neue Kraft, Gesundheit und Schönheit für den kommenden Tag in sich aufzunehmen.
Es gibt Menschen, die schlafen gerne in warmen Räumen, andere schlafen gerne in kalten. Ein geschlossenes Fenster löst bei vielen Schlafenden Erstickungsgefühle aus, wenn sie normalerweise in einem kalten Raum, bei offenem Fenster schlafen. Andere wiederum wachen morgens mit Schulterschmerzen und einem steifen Genick auf, wenn sie in kalten Räumen schlafen müssen.
Welche Ausstrahlung dein Schlafzimmer, dein Wohnzimmer und deine Küche oder dein Bad auch hat, sie spiegelt immer die „Stimmung wider, in der sich die Bewohner meistens befinden". Du hast es selbst erlebt, daß du eine Wohnung oder ein Haus betrittst und dich in den Schwingungen rundherum wohl fühlst, welche die Bewohner ihrem Heim gegeben haben.
Wohnstätten strahlen immer nur das aus, was ihnen von ihren Bewohnern verliehen worden ist. Und wenn du dein Schlafzimmer mit Harmonie durchdrungen hast, mit Hei-

meligkeit und Schönheit, siehst du dich genau den Eigenschaften gegenüber, die deine Persönlichkeit geformt und weiterentwickelt haben. So, wie die Räume auf andere wirken, wenn sie von ihnen betrachtet werden, so wirkst auch du auf deine Umgebung. Lieb, zärtlich und schön.

Den Schülern, die einen Lebenspartner verloren haben und sich in schwermütigen Gemütszuständen befinden, gebe ich immer folgenden Rat: so bald wie möglich das verwaiste Doppelbett durch ein Einzelbett zu ersetzen, in dem man sich wohlfühlt, gerne alleine schläft, um das ununterbrochene Denken an gemeinsame Zeiten auch durch eine äußere Aktion abzubauen. Das Leben geht weiter, andere brauchen uns noch, und mit selbstzerfleischender Trauer läßt man den Toten nicht die Ruhe, sich ihrer neuen Aufgabe zuzuwenden. Ihr geistiger Körper ist trotzdem um uns, ihre Obhut leitet uns auch von drüben.

Kapitel IX

Familie

Soziale Gruppierungen

Die Neigung zum Zusammenschluß in kleinere oder größere Gruppen ist ein typisches Merkmal des menschlichen Verhaltens. Der Mensch ist ein gruppenbildendes Wesen. Es gibt *Mußgruppen* und *Kanngruppen.* Jeder wird in die *Mußgruppe Familie* hineingeboren. Der Familienkomplex aus Eltern, Geschwistern und weiteren Verwandten kann nicht von ihm ausgewählt werden, ebensowenig wie sein Geschlecht, und das Zeitalter, in das er hineingeboren ist.
In der Auswahl seiner Freizeitgefährten, seines Berufs und seiner politischen Einstellung gehört der Mensch einer *Kanngruppe* an.
Das *Verlöbnis* zwischen zwei Menschen beginnt als *Kanngruppe,* aus der sich dann die „nicht leicht zu verlassende" *Mußgruppe* von Ehe und Familie bildet.

Ehe

Ganz nüchtern gesehen, werden die Kräfte auch in der Ehe gemessen. Wer wird zum Führer und gibt den Ton an? Wie wird das gegenseitige Ansehen erworben und wie kann es wieder verlorengehen? Wer bleibt in der *Ehe* einflußlos und wer dirigiert?
Anfangs ergeben sich in der *Mußgruppe Ehe* oft Schwierigkeiten. Der männliche Ehepartner ist an seine *Kanngruppen*

wie seine Arbeitsstätte oder Freizeitgefährten von früher her gebunden, deren Wertvorstellungen nicht immer mit den *Kanngruppen* des weiblichen Ehepartners übereinstimmen. Auch gehört der männliche wie der weibliche Ehepartner seiner eigenen *Mußgruppe Familie* an, deren Mitglied er lebenslang bleiben möchte.

Keiner der Ehepartner hat das Recht, sich in die *Mußgruppen* und *Kanngruppen* des anderen Ehepartners störend einzumischen. Das würde die harmonischen Zustände, die vor der *Ehe* noch geherrscht haben, stören und könnte zum Ausschluß eines Partners aus der *Mußgruppe Ehe* führen.

Beide Ehepartner müssen sich dafür einsetzen, daß jeder das behalten kann, was ihn auch vorher glücklich machte. Diese Aufgabe muß am Anfang einer Ehe gemeinsam und im Einverständnis beider ohne Streit und krankhaften Besitzanspruch am anderen bewältigt werden.

Gleichberechtigung

Um die Jahrhundertwende wurde die *Mußgruppe Familie* noch weitgehend durch den Ehemann und Vater beherrscht. Es war undenkbar, daß sich eine Tochter verlobte, ohne daß der Vater seine Zustimmung gab.

Die *Mußgruppe Familie* von heute hat die Alleinherrschaft des Ehemannes und Vaters abgelöst. Jedes junge Familienmitglied nimmt heute das Recht für sich in Anspruch, sein Leben nach eigenen Vorstellungen zu gestalten.

Dazu trägt die überall lautstark verkündete, aber noch nicht richtig verwirklichte sittliche Forderung von der Gleichberechtigung der Geschlechter bei.

Eine stabile *Mußgruppe Familie* kann nur zustande kommen, wenn ihr ursprünglicher Zweck, die Gründung einer

Familie, und die Partnerschaft zwischen Mann und Frau Aussicht auf Bestand hat.
Bei manchen modernen Ehen oder sogenannten Lebensgemeinschaften scheint die *„Unbeständigkeit"* der *Mußgruppe Familie* eingeplant zu sein.
Ist eine Ehe vollzogen, beeinflussen feste Verhaltensregeln das Wertebewußtsein der Eheleute.
Das Gruppenverhalten von Ehefrauen – Lebensgefährtinnen – geschiedenen Frauen – Karrierefrauen – ist für jeden ersichtlich an höhere und niedrigere Werteinschätzungen gebunden.
In jeder *Mußgruppe* oder *Kanngruppe* entsteht bei den Mitgliedern eine Art von Gruppenmoral und ein eigenes Wertebewußtsein, das gegenüber anderen Gruppen erfolgreich eingesetzt wird, nicht unähnlich der Hackordnung auf dem Hühnerhof.
Die Hackordnung funktioniert überall. Selbst auf der Straße, zwischen Fußgänger und Radfahrer, zwischen Radfahrer und Autofahrer und zwischen prestigemäßig unterschiedlichen Autogruppen, die sich einander zugehörig fühlen oder sich sogar „anfeinden".

Versorgungsdenken ohne Liebe?

Jeder Mensch, der wahrhaftig liebt, denkt daran, eine Familie zu gründen, ob er nun Kinder haben möchte oder nicht. Er will den Menschen, dem er sein Herz geschenkt hat, immer um sich haben, denn er kann ohne ihn nicht glücklich sein.
Ein Mann wird die Sehnsucht haben, die Frau zu beschützen und an sich zu binden. Eine Frau wird die Sehnsucht haben, vom Mann versorgt zu werden und an ihn gebunden zu sein.

Wenn ein armer Mann eine reiche Frau heiratet, wird er weniger oft verdächtigt, das ohne Liebe zu tun als eine Frau. Eine Frau, die einen reichen Mann heiratet, wird des öfteren verdächtigt, „nur vorzugeben, daß sie ihn liebt", weil sie von ihm ein ganzes Leben lang versorgt werden möchte.

Wie das Kennzeichen von Kraft und Sicherheit für ein Tierweibchen ein starkes Geweih, ein kräftiger Körperbau, ein großes Revier und ein gut verstecktes Nest ist – so kann für eine Frau großer Besitz, ein teures Auto oder ein schönes Haus das Kennzeichen von Kraft und Sicherheit sein.

Jeder muß für sich selber entscheiden, was daran zu verurteilen ist, daß mancher lieber in einem schönen, schuldenfreien Haus als in einer bescheidenen, kleinen Kellerwohnung mit dem Menschen, der ihm zusagt, leben möchte.

Jeder muß für sich selber entscheiden, was daran zu verurteilen ist, wenn man seine Kinder lieber großzieht, ohne arbeiten gehen zu müssen, als sie einmal da und einmal dort abzugeben, um jeden Tag zum Geldverdienen hinaushasten muß.

Jeder muß für sich selber entscheiden, ob seine Liebe stärker und bewundernswerter ist, wenn man sie einem armen, anstatt einem reichen Mann zuwendet.

Frauen haben im Berufsleben Erfolge, genau wie Männer. Aber – und das weiß ich von mir selbst – diese Erfolge ersetzen einer Frau nicht immer das Zusammenleben mit einem Mann, der bemüht ist, ihr Schwierigkeiten aus dem Weg zu räumen, und das besser kann als eine noch so erfolgreiche „gleichberechtigte Frau".

Es gibt auch Frauen, die ihre Liebe einem Mann zuwenden, der ihre Mutterinstinkte weckt. Liebevoll und aufopfernd werden sie sich um ihn kümmern und versuchen, in jeder Weise für ihn zu sorgen, wie für ein Kind.

Was weckt Liebe?

Nicht nur die erregende Erfahrung der sexuellen Anziehungskraft weckt die Liebe in Mann und Frau.
Es kann der anregende Gedankenaustausch mit einem anderen Menschen sein, in dessen Gegenwart du dich niemals langweilen mußt und der deine schöpferischen Kräfte beflügelt.
Es kann die gemeinsame Leidenschaft für Musik, für Kunst, für sportliche Freizeitbeschäftigungen wie Klettern, Wandern und anderen Betätigungen im Freien sein. Oder die Versunkenheit an besinnlichen Abenden, an denen man gemeinsam liest und seine Gedanken und seine Begeisterung mit seinem Gegenüber teilt.
Du kannst dich – ob Mann oder Frau – in den anziehenden Körper eines anderen verlieben, in die Persönlichkeit eines Menschen, in seinen Titel oder in seine großartige Position, die es dir ermöglicht, mit Intellektuellen oder Adeligen zu verkehren, oder in sein großes Bankkonto, das dir ein Gefühl von Macht über andere Menschen verleiht.
Gleichgültig, was in dir die große Liebe zu einem Partner auch geweckt haben mag, du wirst mit ihm ein gemeinsames Heim gründen wollen und es nach eurem gemeinsamen Geschmack einrichten.
Liebe kann auch aus tiefer Dankbarkeit erlebt und empfunden werden. Sie kann in einer Frau die große Lebensangst auslöschen, daß sie ohne Schutz alleine bleiben muß, oder keinen Platz in der Gesellschaft findet.
Liebe wird also nicht nur für sinnlichen Lustgewinn ersehnt, sondern auch für geistigen und materiellen Lustgewinn.

Ehe oder Lebensgemeinschaft?

Die Entscheidung, ob Ehe oder Lebensgemeinschaft, treffen nicht nur die Kinder selbst, auch die Eltern setzen sich natürlich damit auseinander und beeinflussen so bewußt oder unbewußt den Entschluß ihrer Kinder.

Viele Eltern empfinden eine „jederzeit kündbare“ Lebensgemeinschaft *(Kanngruppe)* für ihre Tochter nicht erstrebenswert. So beeinflussen Eltern manchmal ihre Tochter, die in einer *Kanngruppe* mit einem Mann lebt, indem sie ihr vorhalten, daß eine Ehe *(Mußgruppe)* „schwer kündbar“ ist und ihre Altersabsicherung gewährleistet ist, wenn sie verheiratet wäre.

Söhne sind durch eine Ehe *(Mußgruppe)* und die dadurch „schwer kündbare“ Verantwortung noch stärker an ihren Beruf gebunden. Der Ehemann muß seine Pension mit seiner Frau teilen. So beeinflussen Eltern manchmal ihren Sohn, der in einer „Lebensgemeinschaft“ *(Kanngruppe)* lebt, indem sie ihm vorhalten, daß ihn eine Ehe, wenn sie geschieden wird, teuer zu stehen kommen kann, und er im Alter, wenn er unverheiratet wäre, seine Pension mit niemand teilen müßte.

In unserer heutigen Gesellschaft, in der die Ehefrau noch kein offizielles Gehalt für den ausgeübten Beruf der Hausfrau erhält, ist sie von ihrem Mann abhängig.

Diese ungleiche und ungerechtfertigte gesellschaftliche Verteilung bringt Disharmonie in so manche Ehe und Lebensgemeinschaft.

Leichter wird es, wenn beide Partner einer *Mußgruppe* oder *Kanngruppe* verdienen. Der Preis, den die Frau für ihren beruflichen Einsatz zahlt, ist allerdings hoch. Sie ist in der Zwangslage, Berufstätige, Hausfrau und Mutter gleichzeitig zu sein. Die außergewöhnliche Belastung wird dadurch noch verschärft, daß es für die mit zwei Berufen belastete Frau „keinen einzigen freien Tag in der Woche" gibt, da am Wochenende die oft liegengebliebenen Arbeiten der vergangenen Tage zu erledigen sind.

Ein liebender Ehepartner oder Ehemann wird sich bemühen, es seiner Frau leichter zu machen, indem er ihr hilft, um sie zu entlasten. Er wird ihr auch sagen, daß er stolz auf seine tüchtige Frau ist.

Mann und Frau können sich nicht oft genug ein *„Danke"* sagen, oder ein ehrliches Lob aussprechen! Oder eine kleine Winzigkeit als Geschenk mitbringen, um Freude zu bereiten.

Es gibt viele Frauen, die in „Lebensgemeinschaft" mit einem Mann leben und ihren Status des „Nicht-verheiratet-sein" sehr schätzen.

Manchmal ist das nur die halbe Wahrheit. Oft leben diese Frauen aber in einer *Kanngruppe,* weil der Mann nicht bereit ist, daraus eine *Mußgruppe* zu machen. Und da sie den Mann lieben, bleiben sie bei ihm, weil sie ihn nicht verlieren möchten.

Solche Frauen tragen oft tief verborgenes Leid mit sich, eine unerfüllte Sehnsucht nach einer anerkannten Bindung, Enttäuschung und Demütigung, oft auch unbewußt Rachegefühle und Zorn in ihren Gedankenbildern, da sie sich nicht von dem geliebten Mann trennen möchten und doch nicht ganz glücklich sind.

Kostbare Lebensenergie wird dadurch vergeudet und führt zu Spannungen in geistigen und körperlichen Bereichen.

Vielleicht können dir in solchen wichtigen Zeiten des „Sich-Selbst-Findens", die immer zu neuen Erkenntnissen und Entscheidungen führen und in dir verborgene Kräfte frei machen, einige der gezeigten Yogaübungen Frieden zum Nachdenken bringen.

Kapitel X

Geheimnis Leben

27
Der Berg
tiefgreifende Atemübung in der Schwangerschaft

28
Schulterverspannungen lösen

Schwangerschaft

—

Die Schwangerschaft ist seit Bestehen der Menschheit der natürliche Vorgang zur Sicherung unserer Nachkommenschaft.
Du kannst jede leichte Yogaübung aus dem „Yoga Lexikon" in der Schwangerschaft üben. Die bevorzugte Übung bei Frauen, die ein Baby erwarten, ist seit vielen Jahren die „Palme". Jede der in diesem Kapitel gezeigten Übungen ist mit beruhigender Atmung verbunden und sorgt für harmonische Zustände in deinen Gedankenbildern und Körperabläufen.
Je mehr über eine Schwangerschaft nachgedacht und geredet wird, desto ungünstiger kann sich das für Kind und Mutter auswirken. Wird der Schwangerschaft übertrieben viel Beachtung geschenkt, kann es geschehen, daß sie wie eine Krankheit erlebt wird. Dann führt die einfachste Blähung oder ein völlig normales Ziehen in der Brust zu unnötigen Ängsten. Diese belasten nicht nur die werdende Mutter und ihr Kind, sondern ebenso die restliche Familie.
Es gibt Frauen, die den Wunsch haben, die Geburt gemeinsam mit ihrem Mann zu erleben, und andere wünschen, daß ihr Mann nicht bei der Geburt dabei ist.
Eine Frau sollte aber immer eines bedenken: während der Geburt kann es zu unvorhersehbaren Komplikationen kommen, die bei dem werdenden Vater einen Schock für immer auslösen können. Es kommt vor, daß Männer sich für die miterlebten Geburtsschmerzen verantwortlich fühlen, weil sie sich die Schuld daran geben.

Solche Eindrücke können das Bild der „begehrenswerten, sinnlichen Frau in ihm verdrängen", und der Mann ist später unfähig, den intimen Liebesverkehr lustvoll zu vollziehen.
Andere Männer wiederum durchschneiden selbst die Nabelschnur ihres Kindes und sagen: „Es war der wunderbarste Augenblick meines Lebens – ich bin seit damals sanfter zu meiner Frau – habe noch mehr Respekt vor ihr und begreife erst jetzt das Geheimnis des Lebens."
Daß eine werdende Mutter die Übelkeit am Anfang der Schwangerschaft erträgt, ohne viel darüber zu reden, ist bestimmt die klügste Entscheidung. Daß sie nun öfters kleine Mahlzeiten zu sich nimmt, ist einleuchtend.
Daß sie versuchen wird, Alkohol und Nikotin zu meiden, ist ihr erstes Geschenk an das Ungeborene. Daß sie jede vom Frauenarzt empfohlene Voruntersuchung unbedingt wahrnimmt, gehört zur Gesundheitspflege.
Wunderbar ist es, wenn die werdende Mutter in dieser Zeit ein so strahlendes Wesen zeigt, daß alle um sie herum von ihr bezaubert sind und an ihrem Glück teilhaben können. Ihre sonnige, erwartungsvolle Ausstrahlung wird nicht nur ihr Mann fühlen, sondern auch das Kind, das unter ihrem Herzen heranwächst. Der gepflegte Körper in der Schwangerschaft schenkt dem kleinen Wesen bereits die ersten schönen Gedankeneindrücke und zärtlichen Empfindungen, die von seiner Mutter zu ihm fließen bis zu dem Tag, wo es das Licht der Welt erblickt.
Um die körperliche Anspannung während der Geburt zu lindern, wird man die „Yogavollatmung" (Bauchhebung) anwenden. Wenn eine neue Schmerzwelle sich ankündigt – atmest du ein und wölbst den Bauch so hoch als möglich – halte dann den Atem an, solange der stärkste Schmerz anhält – und atme dann langsam aus, um dich zu entspannen. In den kleinen Pausen der Schmerzfreiheit versuche zu den-

ken: „Ich bin ganz leicht und schwerelos. Ganz leicht und schwerelos werde ich mein geliebtes Kind in die neue Welt hinauspressen, wo es von einem liebenden Vater und einer liebenden Mutter umsorgt werden wird."
Keine Frau hat nach einer normalen Geburt noch nennenswerte Schmerzen. Sie war nicht krank, sondern hat ihr Kind geboren. Sie fühlt sich wieder leicht und schlank. Und so wird sie ihren Mann strahlend und glücklich in die Arme schließen, um mit ihm gemeinsam ein tiefempfundenes „Danke" für ihr Neugeborenes der Schöpfung zu senden.
Die folgende Übung der „Berg" ist besonders für werdende Mütter eine Wohltat.

27. Übung – Der Berg

Eine tiefgreifende Atemübung, die Schulterverspannungen lockert und auf natürliche Weise die Wirbelsäule begradigt. Schwangere Frauen empfinden diese Übung als sehr wohltuend.

Übungsablauf:

1. Knie auf einer zusammengelegten Decke – oder sitze im Schneidersitz auf einer zusammengelegten Decke, wenn du schwanger bist, mit weit auseinander gespreizten Beinen – oder sitze auf einem Sessel mit geradem Rücken und verschränke deine Füße am Boden.

2. Falte deine Hände und lege sie auf den Scheitel – dort, wo bei einem Säugling die Fontanelle fühlbar ist. Atme jetzt ruhig durch die Nase ein und aus. *Beobachte deinen Atem* und genieße den fließenden Atem mit geschlossenen Augen und einem Lächeln auf deinem Gesicht. Atme 20 mal ein und aus.

3. Jetzt schiebe die gefalteten Hände langsam nach oben, bis deine Arme durchgestreckt sind und einen Berg symbolisieren.

4. Richte deine Augen, die geschlossen sind, zur Spitze deines gezeigten Berges und atme langsam 5 mal hin und her. Bei schwangeren Frauen ist ein Gefühl von Schwerelosigkeit, das ihr Kind während dieser Position empfindet, angenehm nachempfindbar.

5. Beende die Übung, indem du die Hände langsam wieder auf die Scheitelmitte senkst, dann löst du die Position behutsam auf.

Dein Baby wird zum Kind

Ein Kind wird in ein Lebensumfeld geboren, das für das Neugeborene fremdartig und neu ist. Die Sauerstoffnot der Zellen erweitert zum erstenmal den Brustkorb, wodurch die Lungen gefüllt werden. Das Ausatmen dieser eingeatmeten Luft führt zum ersten Schrei, den der Säugling ausstößt.
Neugeborene werden immer noch zu oft nach der Geburt von der Mutter entfernt und in ein Bettchen, das allen „hygienischen Anforderungen entspricht", gelegt. Das Neugeborene bleibt so wörtlich „mutterseelenallein", nachdem es neun Monate im Schoß der Mutter geborgen war. Diese vollständige Loslösung aus der körperlichen und geistigen Verbindung mit der leiblichen Mutter ist ein ungewollter, grober Eingriff in die harmonischen Naturvorgänge. Von der Natur ist diese Trennung bei keinem Lebewesen vorgesehen. Jedes Kind gedeiht besser, je intensiver und länger der Mutterkontakt erhalten bleibt.
Die Natur hat die enge Bindung zwischen Mutter und Kind durch den unumgänglichen Vorgang des Säugens, der nicht nur der Nahrungsaufnahme allein dient, sondern auch Ausstrahlung und Geruch vermittelt, vorgesehen.
Mütter in allen sogenannten „primitiven Naturvölkern" tragen das Kind bei jeder Beschäftigung bei sich auf dem Rücken oder auf der Brust. Diese zärtliche Gemeinsamkeit ist bei Naturvölkern eine Selbstverständlichkeit und sorgt dafür, daß Mutter und Kind ausgeglichen sind. Inniges Beisammensein macht stark. Seelische Störungen bei Mutter

und Kind sind sicherlich darauf zurückzuführen, daß wir im Gegensatz zu den Naturvölkern die vorgesehene andauernde innige Gemeinschaft zwischen Mutter und Kind nicht für unbedingt notwendig halten. Viele Kinder würden besser gedeihen, wenn der Mutterkontakt intensiver und länger erhalten bliebe. Wie das zum Beispiel die Ernährung an der Brust in den ersten 5 – 6 Lebensmonaten gewährleistet. Ein Säugling an der Brust der Mutter ist das Symbol für Liebe, Zärtlichkeit und Geborgenheit, ein Zeichen der engen Verbindung zwischen Mutter und Kind. Kein Kind kann ohne Zwiespalt aufwachsen, wenn ihm das Gefühl von sicherer Geborgenheit und Liebe nicht ständig übermittelt wird. Die sogenannten „schwierigen" Kinder sind immer Kinder, denen der ständige Wechsel zwischen übertriebener Verzärtelung und betont strenger Behandlung zu schaffen macht.

Im Augenblick der Zeugung werden Augenfarbe, Haarfarbe, Körperbau, Blutgruppe und vieles mehr festgelegt. Das *Ich* des neugeschaffenen Lebens kennt Liebe, Zärtlichkeit und die Schönheit aus den harmonisch ineinanderfließenden Abläufen von der Zeugung bis zur Geburt.

Der Zeugungsakt soll sein wie ein Gebet. Niemals sonst ist der Mensch Gott so nahe, als dann, wenn er *neues Leben schafft.*

Die verschiedenen Eigenschaften und Möglichkeiten eines Kindes, vor allem auf seelischem Gebiet, werden erst nach der Geburt ausgeformt. Jedoch auch während der Zeit, in der der neue Erdenbürger heranreift, sollen sich die Eltern bewußt sein, daß ihr Zusammenleben in dieser Zeit besonders harmonisch sein sollte.

28. Übung – Schulterverspannungen lösen

Übungsablauf:

Bild 1

1. Knie auf einer zusammengelegten Decke oder setze dich mit geradem Rücken auf einen Sessel.

2. Hebe deine Arme und lege deine Hände auf den Kopf, als wolltest du mit ihnen eine Schale darstellen.

Bild 2

3. Stell dir vor, daß in deiner Handschale ein Gewicht von 10 kg liegt. Versuche die Hand gegen den Widerstand der 10 kg hochzustemmen. Ganz langsam versuchst du nun mit isometrischem Muskeltraining, deine Schulter und Nackenmuskeln zu stärken. Du drückst so lange gegen das vorgestellte Gewicht, bis du beide Arme durchgestreckt hast.

4. Jetzt stellst du dir vor, daß die 10 kg von oben nach unten drücken. Wieder wirst du langsam, gegen den Widerstand der 10 kg von oben, die Arme – mit isometrischem Muskeltraining – nach unten bewegen, bis die Handschale wieder auf deinem Kopf aufliegt.

Du kannst, um die starke Wirkung dieser Übung zu spüren, tatsächlich etwas Schweres in die Handschale legen und langsam nach oben stemmen, und wieder langsam dagegenstemmen, wenn das Gewicht von oben nach unten drückt.

Ein Mann zeigt, daß er ein starker Mann ist

Es liegt im Wesen des Mannes, der sich für eine Frau entschieden hat, sie zu beschützen und auf sie stolz zu sein. Er wird als Mann, besonders dann, wenn seine Frau ein Kind erwartet, versuchen, ihr Schweres und Belastendes abzunehmen.

In einer Zeit, wo die Frau durch körperliche Unbeholfenheit eine gewisse Ängstlichkeit für das heranwachsende Leben in sich empfindet, wird ein *starker Mann* diese Zeit zu einer harmonischen gestalten helfen.

Eine Frau darf nicht erwarten, daß ein Mann versteht, wie übersensibel sie in diesen Monaten auch auf „Kleinigkeiten" reagiert. Er hat noch nie ein Kind unter dem Herzen getragen. Er kann nicht verstehen, daß die Liebe zu einem Mann das Herz einer Frau 24 Stunden lang ausfüllen kann. Wenn er alle seine wichtigen Anliegen erledigt hat, dann hat er Zeit für seine Frau, dann füllt sie seine Gedanken ebenso innig aus. Nur, ein Mann kann eben nicht so sein wie eine Frau. Er kann vielleicht überhaupt nicht verstehen, daß seine Frau sich als häßlich empfindet, je runder und schwerfälliger sie wird. Er kann nicht begreifen, daß sie Angst hat, ihr Mann könnte sich anderen, für ihren Begriff schönen und schlanken Frauen zuwenden.

Jeder starke Mann, der in sich die Zärtlichkeit und Liebe empfindet, die seine Männlichkeit prägt, wird die Mutter seines Kindes und ihre überängstlichen Gedankengänge versuchen zu verstehen. Aber auch die Frau muß sich bemühen, ihn in seiner männlichen Denkweise zu akzeptieren. Ihr gemeinsames Kind vernimmt jeden Laut der Liebe, der in ihren Worten schwingt, jeden Pulsschlag, der in einem zärtlichen Blick ruht, und jeden fürsorglichen Gedanken, den eine Frau und ihr Mann miteinander austauschen.

Lege deine Ausstrahlung schützend um dein Kind

Geistige Zuwendung für das ungeborene Kind ist der wirksamste Schutz für ein Neugeborenes in seinem neuen Umfeld. Das Baby entwickelt sich in der elterlichen Obhut und empfindet seine Umgebung als einen sicheren Aufenthaltsort, der ihm mit jedem Tag vertrauter wird. Gerade in den ersten vier Jahren entwickeln sich aus den mitgebrachten Erbanlagen die späteren Begabungen wie rasche Auffassungsgabe, Klugheit, geistige Wendigkeit, Verstandeskraft und die Hauptzüge des Charakters.

Man muß als verantwortungsbewußter Elternteil bedenken, daß in diesen ersten Kleinkinderjahren darüber entschieden wird, welche Möglichkeiten zur Reifung des Denkvermögens, der Auffassung und Lebensbewältigung man einem Kind bieten kann.

Du mußt deinem Kind Liebe und das Gefühl sicherer Geborgenheit geben, damit es geradlinig und konfliktarm aufwachsen kann. Das Wichtigste ist die Anerkennung und Achtung der jungen Persönlichkeit eines Kindes. Kinder, die geliebt und in einem richtigen Nest geborgen aufwachsen, leiden später fast nie unter Anpassungschwierigkeiten. Auch dann nicht, wenn es Einzelkinder sind.

Die Fähigkeit für Gefühlstiefe, soziale Anpassung, für das spätere Verhalten als Liebes- und Ehepartner wird in den ersten 4 Lebensjahren geprägt.

Im dritten Lebensjahr, oft auch schon früher, erprobt der kleine Erdenbürger sein Durchsetzungsvermögen an seinen Eltern. Er erforscht, wie weit er jede einzelne Erziehungsperson herausfordern kann. Jeder Vater und jede Mutter kennt diese Herausforderung des Kindes, wenn es die Entwicklungsstufe des sogenannten Trotzalters durchläuft.

Der Wille des Kindes

Es ist die Aufgabe der Eltern, darauf zu achten, dem Willen des Kindes behutsam notwendige Grenzen aufzuzeigen, und ihn nicht zu brechen.
Es dauert volle zwei Jahrzehnte, bis einem Menschenkind seine körperlichen und geistigen Fähigkeiten ausgereift zur Verfügung stehen. Der Grundstock wird von den Eltern gelegt. Und zwar in den ersten Lebensjahren, in denen das Kind alles von seinen Eltern bekommen sollte, was ihm als sein wahrhaftes Erbe zusteht.
Es gibt niemanden, der in dieser Zeit einen liebenden Vater oder eine liebende Mutter ersetzen könnte. Du mußt dir ernsthaft überlegen (wenn es unbedingt notwendig ist, daß du dein Kind anderen Menschen anvertrauen mußt), ob die gewählte Person auch die Fähigkeiten besitzt für die wichtigste Aufgabe, die Erziehung, die für ein späteres Leben entscheidend ist. Dein Kind wird um das fünfte Lebensjahr herum vom Kleinkind zum heranwachsenden Großkind, das dann seine körperliche Schulreife erreicht hat. Bis dahin sollst du keine Aufgaben von einem Kleinkind verlangen, die es seinem Entwicklungsstand entsprechend nicht lösen kann. Das könnte zu einer Überbelastung des Kindes führen und geistige oder auch körperliche Störungen zur Folge haben. Viele Kinder in unseren Kursen leiden an solchen Überforderungen, und sind leider oft Opfer von Eltern, die dem Ehrgeiz nachgeben, aus ihren sich altersgerecht entwickelnden Kindern die sogenannten *Herzeige-Kinder* zu formen, mit denen sie gerne angeben und Lob ernten möchten.
Harmonisch durchläuft das Kind unter der elterlichen Obhut und einer gewissen Gesetzmäßigkeit, der alle Kinder der Erde unterworfen sind, verschiedene Stufen seiner Entwicklung bis zur Schulreife.

Nur dann, wenn das Kind am Allgemeinwissen seiner Eltern teilhaben kann, werden alle geistig vorhandenen Möglichkeiten in ihm geweckt. Der unterschiedliche Intelligenzgrad von Schulanfängern zeigt die Zuwendung und den Zeitaufwand, den das Kind zur Entwicklung seiner Geistesgaben von seinen Eltern geschenkt bekam.
Manche Kinder, die noch nach dem 6. Lebensjahr die Merkmale des Kleinkindes zeigen, gehören noch nicht in die Schule. Sie sollen die Obhut und Zuwendung der Eltern weiter genießen dürfen, ohne daß man ihnen das abwertende Gefühl vermittelt, daß sie der Normentwicklung hinterherhinken, wenn sie ein Jahr später eingeschult werden. Es ist auf der anderen Seite auch kein Grund vorhanden, mit Kindern zu prahlen, die schon etwas gelernt haben, das sie erst in der Schule zu lernen brauchen.
Die Aufnahme in die Schule verlangt von den kleinen Anfängern eine tiefgreifende Umstellung. Das schulreife Kind muß sich in der Gemeinschaft Gleichaltriger herkömmliche Fähigkeiten aneignen. In den ersten Schuljahren ist dies Lesen, Schreiben und Rechnen. Dazu muß das Kind großen geistigen Anforderungen gerecht werden und den Unterschied zwischen Spiel und Pflicht erkennen können. Schulkinder sind stark beansprucht. Der Unterricht und die Hausaufgaben verlangen von dem Kind voll konzentrierte, geistige Tätigkeit. Man darf nicht vergessen, daß Schulkinder in dieser Zeit noch im körperlichen und geistigen Aufbau sind.
Auch dein Kind braucht „Freizeit“. Zu viele „Nebenpflichten“ solltest du deinem Kind nicht aufbürden. Denn auch Ballettunterricht, Musikunterricht, jede Sportart, die es erlernen soll, Yogaunterricht und was es noch alles gibt, sind ein anstrengendes Lernprogramm. Das Kind muß sich etwas

aneignen, das es noch nicht kennt. Kinder lernen aus ihrer Sicht, für die Gegenwart. Es ist wichtig, daß sie einen Lehrer haben, für den zu lernen ihnen Freude macht. Der Wunsch des Kindes ist es, seinem Lehrer oder seinen Eltern Freude zu machen. Für seine Bemühungen erwartet das Kind Anerkennung, Freundlichkeit und Lob. Wirft man ihm aber vor, daß das Nachbarkind bessere Noten hat, wird solch ein Vorwurf vom Kind auf die Dauer als Liebesentzug empfunden. Es glaubt, daß es nicht mehr geliebt wird, wenn es keine guten Noten bringt. Und man weiß nie, ob es nur Bequemlichkeit oder Faulheit ist oder einfach die Voraussetzung fehlt, ebenso konzentriert zu lernen wie jenes Kind, das man als Beispiel eines erfolgreichen Schülers anführt.
Jeder liebende Elternteil, jeder begabte Lehrer wird also versuchen, solcherart belasteten Kindern ein liebevoller und verständiger Führer in der Zeit vom Schulkind zum Jugendlichen zu sein. Anerkennung, aber auch Kritik werden das Kind auf den Weg leiten, auf dem es Möglichkeiten erkennen kann, die zu einer Persönlichkeitsentwicklung nach seinen vorhandenen Anlagen führt.

Unterschiedliche Vorstellungen von dem, was Freude macht

Als Elternteil solltest du dir überlegen: „Sind meine Freuden auch die Freuden meines Kindes?"
Wenn Kinder schon meistens das tun müssen, was ihre Eltern für sie bestimmen, sollten die Eltern auch einmal bereit sein, mit dem Kind etwas zu unternehmen, an dem das Kind echte Freude empfindet. Kinder müssen nicht an die sogenannte „frische Luft" gehen. Sie sollten sich wünschen, an die „frische Luft" gehen zu dürfen.

Kindern schmeckt nicht immer alles, was den Eltern schmeckt. Kinder sollten lieber nichts essen, bevor man sie dazu zwingt. Keine Mutter sollte aber so unvernünftig sein und sich nur nach den Essenswünschen ihres Kindes richten. Um ihm eine Freude zu bereiten, darf sich das Kind einmal auch seine Lieblingsspeise wünschen.

Kapitel XI

Erwachsen werden

Körperübungen zur Entspannung

Atemübungen

Konzentrationsübungen

Äußeres und Inneres der Jugend

Die beschleunigte frühe körperliche Entwicklung bei Jugendlichen läßt oft vergessen, daß die seelische Reifung mit dem Tempo der Körperentwicklung oft nicht Schritt halten kann.

Die Mädchen und Jungen sehen aus wie Erwachsene und es werden an diese, nur äußerlich und körperlich Erwachsenen, Anforderungen gestellt, denen sie als Gesamtpersönlichkeit noch nicht gerecht werden können, da ihre Persönlichkeitsentwicklung noch hinterherhinkt.

Lärmendes Auftreten, das Bestreben, die ältere Generation vor den Kopf zu stoßen, zuweilen kriminelle Entgleisungen zeigen eindeutig, daß manche Jugendlichen nur äußerlich erwachsen sind.

Bis zum Erwachsenwerden sind die meisten Jugendlichen in einem fest zusammengefügten Familienverband aufgehoben. Dort läßt man sie gewähren, jedoch steht dort, wo der Erzieher es als notwendig erachtet ein unnachgiebiges *„Nein!"*, das konsequent eingehalten wird. Kinder sind stolz auf Eltern, die ein klares *„Ja"* und ein deutliches *„Nein"* aussprechen können.

Die Unterstützung beim Finden des ersten Ferienjobs oder einer kontinuierlichen Schülerarbeit helfen diese Entwicklungsklippen zu überwinden.

Körperübungen

Sollen völlig entspannt in einem abgedunkelten, warmen Raum bei Kerzenlicht, wenn erwünscht mit Aromaduft, ausgeführt werden. Liebevolle Gedanken, angenehme Schwingungen schöner Musik, weiche, bequeme Gewänder, lassen die Zeit, in der man sich Yoga hingibt, zu einer erholsamen Gewohnheit werden. Gleichgesinnte Freunde kann man dazu einladen. Über Yoga Gespräche führen und nachher Reis – Gemüse – Obst und Eistee anbieten.

Übung – *Rückenverspannungen lösen* (Seite 42)
Vorbeugend gegen Haltungsschäden. Zur Erhaltung von elastischen Bandscheiben, die beim Sport vielen Belastungen standhalten müssen. Zur Heilbehandlung täglich 15 Minuten.

Übung – *Muskelentspannende Lockerungsübung* (Seite 134)
Löst gedankliche und körperliche Anspannungen. Macht die Sinne aufnahmefähig und weckt zarte Empfindungen für feinste Schwingungen anderer. Lüftet den Körper, wenn man nach dem Besuch eines rauchigen Lokals oder nach einer langen Autofahrt das Gefühl hat, sich reinatmen zu müssen. Zur Heilbehandlung täglich 15 Minuten oder länger üben.

Übung – *Halswirbelsäule lockern* (Seite 132)
Beruhigt Kopfregionen. Lockert Hals und Nackenverspannungen. Wer am Computer arbeitet, unbedingt Blasebalgatmung zur Reinigung der Atemwege ausüben.

Allen Jugendlichen sind Eltern zu wünschen, bei denen sie sich ihr erstes Fahrrad selbst verdienen müssen, anstatt es geschenkt zu bekommen. Kein Jugendlicher, ob er die Grundschule, eine Fachschule oder ein Studium beendet, darf es als selbstverständlich ansehen, daß für „seine Ausbildung" andere freiwillig auf vieles verzichten. Ein Student, dessen Eltern ihm sein Studium ermöglichen, sollte in Dankbarkeit jede Gelegenheit wahrnehmen, seinen eigenen finanziellen Beitrag zum Studium beizusteuern, um seine Eltern zu entlasten. Es muß für ihn selbstverständlich sein, daß er versucht, nicht einen Tag zu vertrödeln, um mit seinem Studium fertigzuwerden.

Ich selbst werde nie vergessen, mit welchem Stolz mein Sohn, und später meine Tochter, mit 18 Jahren an mich mit einem kleinem Geschenk ihren ersten Zuschuß zu unserem kleinen Haushalt leisteten. Von diesem Augenblick an wußte ich: meine Kinder können auch später für sich selbst sorgen.

Wenn ich Jugendliche davon sprechen höre, welche Posten sie später einmal bekleiden werden, welche hohen Gehälter sie sich erwarten, und daß sie einmal im Alter nicht mehr soviel arbeiten werden wie ihre Eltern, dann weiß ich immer, daß diese jungen Menschen noch nicht die Möglichkeit gefunden haben, die Verantwortung für sich selbst übernehmen zu können.

Bevorzugte Übungen während des Erwachsenwerdens

Handpositionen

Sollen zur Entspannung eine halbe oder eine Stunde lang ausgeführt werden. Um die Wirksamkeit der ausgesuchten

Übung zu verstärken, lehnt man sich sitzend an eine Wand – als Unterlage eine zusammengelegte Decke, läßt den Kopf locker hängen, legt beide Hände mit der ausgesuchten Handposition auf die Oberschenkel (Handflächen nach oben) und versucht, in einen schlafähnlichen Zustand zu versinken. Der Energiestrom kann gezielt durch die Versorgungsstraßen geleitet werden. Man denkt während des Einatmens an die rote, warme Sonnenenergie mit dem Wortlaut *„HAM"*. Dies berührt belebend jede Zelle. Man denkt, während man ausatmet, an die beruhigende, besänftigende blaue Mondenergie mit dem Wortlaut *„SA"*. Sie reinigt jede einzelne Zelle.

Übung – *Daumen–Zeigefinger* (Seite 18)
Hilft bei Kopfschmerzen, wirkt nervenstärkend und löst Angstzustände

Übung – *Daumen–Ringfinger* (Seite 22)
Heilt Allergien – Schuppenflechte

Erste Fühlungsnahme mit dem anderen Geschlecht

Durch feinstoffliche Nervenkanäle (Nadis), die im Geistleib (Astralleib), dem Gegenstück des grobstofflichen Körpers, ebenfalls vorhanden sind, strömt Lebensenergie (Prana). Prana heißt auch Atem, Leben, Energie, Geist, Macht und Kraft. Der geistige Gedankenstrom, das *drängende Männliche,* versucht sich mit dem geistigen Gedankenstrom, dem *nachfolgenden Weiblichen,* zu treffen. Die gegensätzlichen Gedankenströme aus dem Unbewußten des Mannes und der Frau ziehen sich gegenseitig an und möchten sich ergänzen.

Es sind die harmonischen starken Kräfte in den beiden verschiedengeschlechtlichen jungen Menschen, die sich anziehen, ergänzen und die Gefühle der beiden Menschen ineinander fließen lassen.
Es erwacht der Wunsch in beiden jungen Menschen, die sich durch diese geistige Macht zu einander hingezogen fühlen, sich zu treffen und so oft als möglich zusammen zu sein.
Hört man z.B. die Stimme des oder der Geliebten am Telefon, zieht sich das innere Sonnengeflecht vor Wonne und Aufregung fast schmerzhaft zusammen. Ein guter Beobachter kann diese Geistesenergie zwischen Liebenden direkt hin- und herfließen spüren. Dies alles wird sichtbar und spürbar, bevor die beiden Partner sich körperlich berührt haben.
Nicht nur über die Stimme, auch über die *Nase wird das spezielle Geruchsbild* unvergeßlich aufgenommen. Ähnliche Gerüche werden immer an diesen Menschen erinnern, den man eben vom ersten Augenblick an gut riechen konnte.
Und es ist das Bedürfnis von Liebenden, sich gegenseitig *zu ertasten.* Sie machen sich mit den unsichtbaren Ausstrahlungen vertraut, die dafür verantwortlich waren, daß sie sich unwiderstehlich zu einander hingezogen fühlten.
Lebensenergie, die Inder sagen dazu Prana, beseelt alles Lebende. Beseeltes wird durch Prana offenbar. Prana ist es auch, welche den sterblichen, materiellen Körper mit dem unsterblichen, geistigen Körper verbindet. Liebende müssen einander nicht berühren. Es genügt, wenn sich die unsichtbaren Lebensenergieströme treffen.

Atemübungen

Beherrschung der Lebenskraft (Pranayama) besteht aus Atemtechniken, die zur Kontrolle der Atmung führen, welche tief und langsam sein soll. Langsames Atmen, willentlich durchgeführt, mit bewußtem Gewahrsein, signalisiert dem Geist des sich auf die Meditation vorbereitenden Übenden tiefe Entspannung.

Übung – *Beobachte deinen Atem – Nabel* (Seite 52)
Beobachte deinen Atem – Nase (Seite 52)
Meditation durch Atemübung kann herbeigeführt werden, indem man die Aufmerksamkeit derart intensiv auf ein geistiges Bild (Schöpferisches, Göttliches) konzentriert, daß das Erkennen der Impulse von den fünf Sinnestoren bewußt ausgeschlossen oder eingeschränkt wird. Körperliche Hilfe, wie ein Sichzurückziehen in einen dunklen ungestörten Raum, oder ein Zustopfen der Ohren mit Watte können als Vorbereitung auf die Reise in den in der Meditation wahrgenommenen geistigen Raum sehr hilfreich sein. Man kann – wenn man selbstvergessen sein Inneres empfindet – in Gedanken fragen „Wer bin ich?" und warten, was das Unbewußte einem an Bildern vor dem inneren Auge zeigt

Übung – *Das Auge als Fenster zur Seele* (Seite 68)

Geistige Ernährung

Die geistige Kraft, die *Universalenergie,* verliert der Mensch in den überzivilisierten Ländern immer mehr. Junge Menschen erhalten von Erwachsenen oft zu wenig Unterstützung, um geistig und körperlich tätig zu sein. Sie leiden unter dem Überfluß materieller Zuwendung – an geistiger Nahrung darben sie wie die Ärmsten dieser Welt.
Wir Erwachsenen sind in erster Linie auf Anhäufung von Besitz ausgerichtet und vergessen dabei, daß wir genauso der geistigen Nahrung bedürfen. Die größte Freude bereitet heute den meisten Menschen gut zu essen, gut zu trinken und immer aufwendiger zu wohnen. Wen wundert es bei diesem Vorbild, daß junge Menschen *„Ersatzdrogen"* für die geistige Ernährung vorziehen. Die *„Ersatzdrogen"* werden angenommen, weil das Familiennest nichts zu bieten hat. Junge Menschen sind am „Verhungern", wenn ihnen die geistige Nahrung wie Liebe, Zärtlichkeit, familiäres Zugehörigkeitsgefühl und Schönheit vorenthalten wird. Die Folge davon ist, daß der Mensch unfähig wird, die tatsächlichen Schönheiten des Lebens zu sehen. Er erkennt nur noch das Häßliche, das Ungerechte. Die Abgeschlossenheit von seiner Urquelle, der göttlichen Energie, wird ihm bewußt. Er steht vor der Tür, hinter der das Geheimnis eines reichen, glücklichen Lebens verschlossen ist. Wer soll ihm öffnen? Jede der gezeigten Yogaübungen kann der Schlüssel dazu sein. Nur muß der Suchende die gewählte Übung mit dem festen Wunsch ausführen, sich selbst etwas „Liebes" zu tun. Er soll sich auf die Zeit freuen, in der er für sich selbst einen Weg sucht, sich mit geistiger Energie aufzuladen und in der er sich hingebungsvoll seinen inneren Vorgängen hingibt.
Es geschieht während der Yogaübung nichts anderes, als daß sich die Gedankenbilder dessen, was sich der Übende ganz unbewußt ersehnt, den geistigen Kräften mitteilen.

Und nach einiger Zeit und einigem Übungsaufwand, werden die Schüler immer mehr von Lebensfreude durchströmt. Es scheint, als hätten sie sich vereinigt mit den schönen Dingen, die sie intensivieren, sehen, hören, riechen, schmecken und fühlen können.

Die Vereinigung von Mann und Frau ist etwas Wunderbares

Jedem, den du liebst, wünschst du, daß er bei dem, was er tut, glücklich ist. Du möchtest, daß seine Wünsche sich mit seinen Vorstellungen von dem, was ihn glücklich macht, vereinen.

In den oft kleinlichen und beschämenden Gedankengängen mancher Menschen gelten die Körperöffnungen als schmutzige Eingangstüren. Jemand, der sich zu den Lehren von Yoga hingezogen fühlt, weiß, daß der Körper ein heiliger Tempel ist, ein Ort der Seligkeit. Ziel des Yoga ist es, den Körper völlig zu kontrollieren. Du mußt wissen, welche Stellen die Türen zur Erfüllung sind. Dein Partner muß ebenfalls wissen, welche Stellen die seinen sind. Jeder wird die Türen zu reinen geistigen und körperlichen Erlebnissen zu öffnen versuchen, um dem Partner Lust und Hingabe zu schenken. Deshalb läßt ein Yogi seinem Körper eine gezielte Pflege zukommen. Er versucht, ihn rein von „schmutzigen" Gedanken zu halten, rein von „schmutzigem Essen", geschmeidig und schön, weil der Körper sein Tempel ist, in dem die göttlichen Energiekräfte ruhen.

Es vereinigt sich die Seele eines Menschen mit dem göttlichen Bewußtsein, um Verzückung und Harmonie in sich einfließen zu lassen.

Beides führt den Menschen über die körperliche Losgelöstheit zu einer Ergänzung. Einmal ist es die Ergänzung des Leibes – ein andermal ist es die Ergänzung des Geistes.

Konzentrationsübungen

Sollen täglich 15 Minuten ausgeführt werden. Der Raum, in dem man seinem Körper die notwendigen Abwehrkräfte zurückgibt und ihn ruhen läßt, soll tagsüber hell, freundlich und am Abend dunkel und gemütlich sein. Die Ausstrahlung des Raumes überträgt sich ebenso wie die Ausstrahlung heller, heiterer und nicht einengender Kleider auf die Gedankenbilder des Übenden.

Übung *Rückzug der Sinneswahrnehmungen*
(Seite 34)
Erfrischt nachhaltig das Nervensystem. Macht den Übenden zu einem Magnet für erfreuliche Lebensumstände, für erfreuliche Bekanntschaften und Gemütsstimmungen.

Sex ist mehr als Leistungssport

Allgemein üblich ist es, in Büchern, Filmen, Berichten und selbst bei Theateraufführungen die körperliche Vereinigung durch Wort und Witz, derbe Ausdrucksweise zu negativieren. Das geschieht so ausdrücklich, daß Sex meist als etwas Schmutziges gesehen, und leider auch als Gedankenbild im Unbewußten gespeichert wird. Als Folge davon schämt sich

der Mensch dafür, etwas so „Gemeines und Häßliches, ja Unerwünschtes und Anstößiges" zu tun.
Männern ekelt es vor den Eingangstüren zur Seligkeit. Frauen empfinden das Berühren dieser heiligen Türen als ekelhaft und verwehren sich dagegen. Es ist nicht verwunderlich, daß die Fähigkeit, einen Höhepunkt himmelhochjauchzend zu genießen, immer mehr Menschen verwehrt bleibt. Oft nützt es wenig, zum Arzt zu gehen. Yoga ist ein erfolgreicher, ein wunderbarer Weg zur geheimen Gedankenwelt und der Wissenschaft des Liebesspiels zwischen Mann und Frau, der durch bestimmte Übungen unterstützt werden kann.

Klangschwingungen

Sollen in einem abgedunkelten, warmen Raum, wenn erwünscht mit anregendem Aromaduft ausgeführt werden. Zur Heilbehandlung unbedingt fünf bis zehn Minuten ausführen. Man sitzt auf einer zusammengelegten Decke oder auf einem Sessel und singt, indem man die Laute deutlich mit den Lippen formt, während man sie gleichmäßig und monoton wiederholt.

Übung – *Sing dich gesund* (Seite 102)
iiiiiiiii – durchblutet angenehm den Kopfbereich. Anfangs nicht zu lange ausführen. Kann man längere Zeit die ausgesuchte Klangfolge ausüben, wird man im Kopf eine deutliche Schwingungswirkung spüren, die sehr warm und angenehm empfunden wird. iiiii reinigt Hirn, Nase und Ohren und schenkt ein deutliches Gefühl der Erheiterung und Leichtigkeit.

Wem es geschenkt ist, Liebe und Sex gottnah zu empfinden, wird aus seinen sinnlichen Wahrnehmungen hinausgehen, um Zugang zu seinem Unbewußten zu erlangen. Nur dort kann sich jener Bewußtseinszustand, der aus der Berührung des einzelnen Bewußtseins mit dem universellen Bewußtsein entsteht, verwirklichen. Das erlebte Glücksgefühl, die Verzückung, die uns einhüllt, während man diesen wunderbaren Zustand erlebt, nennt man SAMADHI (mit Gott). Es vereinigt sich die Seele eines Menschen mit dem göttlichen Bewußtsein, um Verzückung und Harmonie in sich einfließen zu lassen.

Beides führt den Menschen über die körperliche Losgelöstheit zu einer Ergänzung. Einmal ist es die Ergänzung des Leibes – ein andermal ist es die Ergänzung des Geistes.

Kapitel XII

Die Wechseljahre der Frau

Atemübungen

Körperübungen

Klangschwingungen

Bevorzugt die Schöpfung die Frau in den Wechseljahren?

Spontan werden Frauen – vor dem fünfzigsten Lebensjahr – ausrufen: „Nein! Im Gegenteil, die Wechseljahre bringen nur Ärger!"
Frauen, die sich den Sechzigern nähern, werden einen Augenblick überlegen, bevor sie so unbedachte Worte aussprechen.
Die Schöpfung hat sich etwas dabei gedacht, daß der Energieaufwand, der zur Zeugung, während der Schwangerschaft und Geburt vermehrt benötigt wird, ab einem bestimmten Alter ganz bewußt gedrosselt wird.
Die große Aufgabe der Kindererziehung, die unendlich viel Geduld, Selbstlosigkeit, Liebe, geistige und körperliche Energie erfordert, trägt die Frau und Mutter fast alleine auf ihren Schultern. Nicht nur das, es liegt auch zum großen Teil an ihr, im Aufgabenbereich als Ehepartnerin und Mutter, der harmonischen Einteilung von Arbeitszeit und Liebeszuwendung, zwischen oft ungeduldigen Ehemännern, Kindern, Eltern und Verwandten gerecht zu werden.
Unter anderem deswegen gibt es kaum einen Mann auf dieser Welt, der mit dem Leben einer Frau tauschen möchte. Er weiß auch, warum. Er würde es weder geistig noch körperlich ohne größeren Schaden überstehen. Kluge Frauen wissen deshalb, daß es vergebene Liebesmüh ist, die ersten *Betriebsstörungen des Hormonhaushalts,* welche allerlei Beschwerden auslösen, an die große Glocke zu hängen, und darüber laut zu klagen, um Verständnis und freundliche

Zuwendung aus der Familie zu bekommen. Tut man es trotzdem, ist eines sicher: man macht die Familie, besonders den Ehepartner, darauf aufmerksam, daß man älter wird!
Das Älterwerden ist etwas, das Männer weit besser zu verbergen verstehen als Frauen. Sie möchten sich nicht die Blöße geben, älter zu werden. Sie können besser über ihre Beschwerden Stillschweigen bewahren.
Auch beim Mann stellt sich nach dem fünfzigsten Lebensjahr eine Veränderung seines Lebensgefühls, ein Nachlassen seiner Leistungsfähigkeit, vielleicht auch seiner sexuellen Potenz ein. Nur versagt die Schöpfung dem Manne nicht die Fähigkeit der Fortpflanzung.
Wenn eine Frau offensichtlich in die „Wechseljahre kommt", meist geschieht das zwischen dem 42. und dem 48. Lebensjahr, muß sie sich klarmachen, daß sie, wenn sie 10 Jahre an lästigen *Betriebsstunden* überwunden hat, meist gesünder, tatkräftiger und mit der Aussicht auf ein hohes Alter daraus hervorgeht. Wirklich kein zu hoher Preis, wenn das Alter schön und gesundheitlich geschützt gelebt werden kann.
Die besten Voraussetzungen sind gegeben, wenn man nicht wehleidig ist, sich soviel Arbeit aufbürdet, wie es Freude macht, sich niemals „gehen" läßt, und sich täglich sagt: „Ich liebe mich, und deshalb bleibe ich schlank, bewege mich jugendlich, esse ich bewußt, mache ich meine Wohnung zum gemütlichsten Platz und finde das Leben herrlich!" Das ist nicht schwer, wenn man sich klarmacht, daß die Wechseljahre eine schützende Vorbereitung sind für das Altern.
Die jeweilige Einstellung – wie man die Wechseljahre sieht – wird einem entweder ein strahlendes Aussehen und strahlende Gesundheit schenken oder ein schmerzhaft bewußtes Älterwerden ohne wahre Lebensfreude.
Die Wechseljahre sind ein Zeitalter der *„Premieren"*. Jeden Tag kann es eine Erstaufführung von überraschenden, aber

auch behindernden und oft äußerst unangenehmen Zuständen geben.
Sturzblutungen, plötzlich auftretende Magenkrämpfe, Herzflattern, Schwindelanfälle und Ohrensausen, Blutdruckanstieg und Blutdruckabfall, Heißhunger nach Süßigkeiten, heiße Füße, kalte Füße, Schlafstörungen, Stimmungsschwankungen bis zu Depressionen, Rückenverspannungen und Nackenverspannungen können die Begleiter der Wechseljahre sein. Starke Schmerzen und Ziehen in den Gelenken, Beckenschmerzen, die annehmen lassen, man hätte einen Bandscheibenschaden, ein plötzlich entdeckter Blähhals, Hitzewallungen und Schweißausbrüche sind von allen Beschwerden noch die harmlosesten.
So überrumpelt von immer wieder neuen und unerwarteten „Erstaufführungen" muß man sich erst einmal vergewissern, daß man organisch „völlig gesund ist"! Man hat eben nur „Betriebsstörungen" – und das wahrscheinlich 10 Jahre lang. Denn außer den völlig natürlichen Abnützungserscheinungen wurde nichts gefunden.
So betrachtet man es als Startzeichen, sich selber zu sagen: „Danke, ich bin völlig gesund. Und das will ich bleiben!" Du wirst, wie alle Dinge dieser Welt, älter, aber sonst fehlt dir absolut nichts, über das es sich lohnte, sich Sorgen zu machen.
Du ärgerst dich wie Milliarden anderer Frauen über die hormonellen körperlichen Umstellungen, aber hast du selbst die Notwendigkeit erkannt, daß man vorbeugend etwas für sich selbst und gegen die natürlichen Verfallserscheinungen tun soll – und tun kann – wenn man es will?
Wenn das Jammern über die Wechseljahre beginnt, ist es nicht mehr so leicht, die vernachlässigte Gesundheitspflege eines Frauenkörpers wieder aufzunehmen. Oft sind schon zehn oder zwanzig Kilogramm Übergewicht zu schleppen, die beim Treppensteigen jede Frau in eine schnaufende Lo-

komotive verwandeln. Überlege dir also, wie es zu diesen unerfreulichen und behindernden Zuständen kommt, die zwar nicht alle Frauen, aber sehr viele Frauen, zehn Jahre und länger plagen können. Natürlich gibt es auch Fälle, die wirklich vom Arzt behandelt werden müssen. Meist aber mit sehr geringem Erfolg, denn zehn Jahre sind eine sehr lange Zeit, bis zu dem Tag, an dem man sich endlich wieder wie neu geboren fühlt, allerdings um 10 Jahre Erfahrung reicher.

Was geschieht im weiblichen Körper?

Der Begriff „Wechseljahre" macht bereits deutlich, daß ein Übergang von der Vollfunktion der Eierstöcke bis zur letzten Regel niemals kurzfristig erfolgt, sondern sich über Jahre hinzieht.
Mit Ende der vierziger Jahre vermindert sich langsam die Östrogenproduktion. Die Haupthormondrüse (Hypophyse) arbeitet vermehrt und beeinflußt auch die Schilddrüse und die Nebennierenrinde. Mit fortschreitenden Wechseljahren werden weitere hormonproduzierende Drüsen in Mitleidenschaft gezogen. Die Schilddrüse und die Nebennierenrinde versuchen durch vermehrte Tätigkeit, dem Organismus zu helfen. Bis die Hormondrüsen des Körpers sich überzeugt haben, daß auch mit ihrer Hilfe die versiegenden Hormone nicht mehr erzeugt werden, haben sie in allen Energiezentren genug Unruhe gestiftet.
Das Zusammenspiel des hormonellen Regelsystems mit seinen Auswirkungen auf Seele und Körper wird in den Wechseljahren besonders deutlich.
Yoga kennt die „Energiezentren und ihr hormonelles Zusammenspiel" seit Tausenden von Jahren. Jede einzeln hier

angeführte Yogaübung öffnet gewisse Energieströme zu gewissen Energiezentren. Das ist auch der Grund, daß Yogaübungen, auf lange Zeiträume angewandt, immer Erfolg bringen. Sie harmonisieren die durcheinandergekommenen Energieströme wieder.

Keine Angst vor den Wechseljahren

Warum beschäftigen sich so viele Institutionen mit der *„Angst vor den Wechseljahren"*? Erstens läßt sich wie überall ein gutes Geschäft mit der Ängstlichkeit der Menschen machen, zweitens wurden im Laufe der Zeit Bemühungen unternommen, den Frauen die Jahre der Umstellung zu erleichtern.
Eines ist sicher: den körperlichen und völlig natürlichen und vorgesehenen Veränderungen wird viel zu viel Aufmerksamkeit geschenkt. Erst dadurch werden die Beschwerden sichtbar gemacht, drängen sich in den Vordergrund der Gedankenbilder und erzeugen eine grundlose Angst vor den Wechseljahren.
Es ist falsch, daß manche Frauen glauben, mit dem inneren Verlust der Fruchtbarkeit oder der Gebärmutter nach einer Totaloperation gleichzeitig die Anziehungskraft als Frau zu verlieren. Es ist klar, eine Frau mit 50 Jahren sieht nie wie eine Frau mit 30 Jahren aus. Auch mit 40 Jahren können weder ein Mann noch eine Frau aussehen wie Zwanzigjährige. Der Mann macht diese Erfahrung genauso wie die Frau, auch er versucht, sich im Alter zu bestätigen.

Wissenswertes über die letzte Blutung

Solange noch Blutungen eintreten, auch wenn sie noch so unregelmäßig sind, kann eine Befruchtung stattfinden. Vorsicht vor einer ungewollten Schwangerschaft. Findet nach einem Jahr keine Blutung mehr statt, kann man fast sicher annehmen, daß jetzt keine Empfängnis mehr stattfinden kann.

Sexuelle Wünsche

Eine der wichtigsten Fragen in den Wechseljahren. Die Frau hat oft Lust, den Wünschen nach einer Liebesvereinigung nachzugeben, aber es fehlt ihr die Freude dazu, diese Wünsche in die Tat umzusetzen. Hier kann Abhilfe geschaffen werden, wenn beide Partner gemeinsam überlegen, wie eingefahrene Beziehungen aufgefrischt werden können.

Anregende Bilder, Videofilme können vor oder während des Liebesspiels für Erregung bei den Partnern sorgen. Ich selbst habe noch keinen einzigen Mann getroffen, der nicht sofort einverstanden gewesen wäre, das Liebesspiel anders zu gestalten, weil die Frau bei dem gewöhnlichen Liebesakt Schmerzen oder keine Freude mehr empfindet. Eine geschickte Frau ist eine wunderbare Geliebte und wird auch in den Zeiten des Älterwerdens Freude und Entspannung mit dem Partner finden. Sie wird niemals Anlaß haben, sich vor dem Altwerden zu fürchten

Frauen, die ohne Partner leben, und noch Lust haben, sich sexuell zu entspannen, werden immer Selbstbefriedigung praktizieren. Nichts löst Verspannungen geistiger und körperlicher Natur nachhaltiger als ein mit bewußter Freude herbeigeführter Höhepunkt. Auf diesem Gebiet der geistig-körperlichen Entspannung gibt es keine Altersgrenze. Die Lust an den sinnlichen Freuden des Körpers soll völlig natürlich befriedigt werden.

Wissenswertes über Hitzewallungen

Fast alle Frauen werden davon geplagt. Die Haut rötet sich und wird heiß. Der Blutdruck steigt. Ein Schüttelfrost kann diese Schweißausbrüche beenden oder begleiten. Die Wallungen können eine Viertelstunde andauern. Oft kommt eine Wallung nach der anderen. Es gibt Frauen, die bis zum Lebensende unter diesen Wallungen leiden.
Ich selbst sage immer: „Heiß ist es wieder, aber da kann ich sicher sein, daß in meinem Körper etwas vor sich geht. Es geschieht jeder Hitzeanfall zu meinem Besten."
Kaffeegenuß und Alkoholgenuß sollten jedoch eingeschränkt werden, denn Anstrengung, Kaffee und Alkohol erweitern die kleinen Blutgefäße. Bei heißem Wetter empfehle ich immer ein warmes Getränk, da kalte Getränke schweißtreibender wirken.

Atemübungen

Sollen in einem gut gelüfteten Raum bei 18 – 20 Grad Wärme ausgeführt werden. Als Heilbehandlung soll man die ausgesuchte Übung täglich 15 Minuten lang ausführen.

Übung – *Beobachte deinen Atem – Nase* (Seite 52)
Die Einheit des hormonellen Reglersystems mit seinen Auswirkungen auf Körper, Geist und Seele

bleibt im Gleichgewicht. Du fühlst dich heiter und friedlich. Sanftmut ist der beste Weg, im Wechsel ohne allzuviel Ärger gelassen leben zu können.

Übung – Strahlend durch Atmung (Seite 38)

Übung – Beatmung des Kreislaufmeridians (Seite 140)

Beruhigt lästige Durchblutungsstörungen im Herzgeflecht, Nabelgeflecht und Beckengeflecht

Übung – Beruhigende Atmung (Seite 50)

Hilft bei Hitzewallungen und Herzklopfen, das die Durchblutungsstörungen gerne begleitet. Bei Herzklopfen vom Arzt nachprüfen lassen, ob Kalium-/Magnesiummangel die Ursache sind. Soforthilfe bei Hitzewallungen. Ein Abwaschbecken mit kaltem Wasser vollaufen lassen. Beide Arme bis zum Oberarm hineintauchen und bis 30 zählen. Herausnehmen und trockenschütteln, nicht abtrocknen.

Schlaflose Nächte

Viele Frauen leiden in den Wechseljahren unter Schlaflosigkeit. Im Alter kommt der Mensch normalerweise mit 6 Stunden aus. Versucht er mit Gewalt mehr zu schlafen und kann er das nicht, belastet ihn alleine der Gedanke daran, daß er seiner Meinung nach zu wenig schläft.

In den Wechseljahren wird der Schlaf von Durchblutungsstörungen unterbrochen. Wie während des Tages, gibt es auch Wallungen im Schlaf. Bestes Gegenmittel: Ab 5 Uhr Nachmittags nichts mehr essen und nur noch ungezuckerte Tees zu trinken. vor dem Einschlafen etwas lesen und Atemübungen oder ein Handmudra sind große Hilfen.

Der Arzt wird im notwendigen Fall beruhigende und besänftigende Mittel verschreiben.

Herzrasen

Zu den Durchblutungsstörungen gehören auch Schwindel, Herzklopfen und Atemnot, Müdigkeit und Gelenkschmerzen. Alle Betriebsstörungen sind keine organischen Krankheiten. Es sind Störungen des vegetativen Nervensystems. Das Nervensystem erfüllt zwei Aufgaben. Es stimmt zusammen mit den *Hormonen* die Abläufe in deinem Körper harmonisch aufeinander ab. Mit einem weiteren Teilbereich, dem animalischen Nervensystem, reagiert es auf Sinnesreize aus der Umwelt, die dich umgibt. Besondere Nervenfasern übermitteln auf Versorgungsstraßen die empfangenen Reize, unangenehme und angenehme, an gewisse Zentren im Rückenmark und im Gehirn, wo sie verarbeitet werden. Die Befehle dieser Zentren gelangen dann über andere, ableitende Versorgungsstraßen zu den Organen und in die Außenbezirke deines Körpers, wo sie entsprechende Vorgänge auslösen, die eine stoffliche Umwandlung zur Folge haben.

Vielleicht ist es jetzt zu verstehen, wie es zu Durchblutungsstörungen in allen Teilen des Körpers kommen kann. In der Nacht wacht man auf, und das Herz rast. Atemnot quält einen und man denkt, einen Herzanfall zu haben, da die Schmerzen auch im Arm, in den Fingern und im Brustkorb spürbar sind. Diese Schmerzen dehnen sich oft bis in den Magen aus, führen zu bohrenden Unterleibsschmerzen und man fühlt sich todkrank.

Um sich zu beruhigen, sollte man das untersuchen lassen, was weh tut. Wenn dann abgeklärt ist, daß keine organische Erkrankung vorliegt, bleibt einem meist nichts anderes übrig, als das seltsame Geschehen im Körper zu beobachten und sich mit ihm anfreunden.

Immer und in allen Fällen haben Yogaübungen geholfen. Im besonderen alle beruhigenden Atemübungen und Körperübungen, welche die Harmonie auch im Knochengerüst und im Muskelbereich herstellen, wenn sie regelmäßig angewendet werden. Besonders alle rückenstärkenden und alle Lendenwirbelübungen sind hilfreich. Eine andere Möglichkeit, die angeführten Beschwerden zu beheben, kenne ich nicht. Außer der, sich über sich selbst lustig zu machen und sich mit wunderschönen Gedankenbildern zu verwöhnen: Du siehst nur Schönes! Hörst nur Wunderbares! Riechst nur Angenehmes! Schmeckst nur Köstliches! Und fühlst alle Schönheit und allen Reichtum dieser Welt.

Körperübungen

Sollen in einem warmen, gut gelüfteten Raum ausgeführt werden. Als Heilbehandlung wird die Übung 15 Minuten täglich ausgeführt. Dazu liegt man auf einer zusammengelegten weichen Decke oder Unterlage oder sitzt in einem Sessel.

Übung – *Entspannung im Bett* (Seite 139)
Vor dem Einschlafen und vor dem Aufstehen wird der Rücken wunderbar erwärmt und gelockert

Übung – *Rückenverspannungen lösen* (Seite 42)
Ernährt die Bandscheiben und durchblutet die Rückenmuskulatur. Beugt Knochenschwund vor.

Übung – *Schulterverspannungen lösen* (Seite 44)
Ausgezeichnet, wenn man lange sitzen mußte und seine Steifheit lockern möchte.

Knochenschwund (Osteoporose)

Knochenschwund ist die am weitesten verbreitete Knochenkrankheit überhaupt. Sie aufzuhalten, zu verzögern, ist möglich, aber es gehört Disziplin dazu und das Wissen, daß es nur zwei Möglichkeiten gibt, die wahre Hilfe und Vorbeugung bringen.

1. Regelmäßige körperliche Bewegung kann Knochenbildung anregen.

2. Richtige Ernährung kann sie tatsächlich beeinflussen.

Sehen kann man die Folge von Knochenschwund am sogenannten „Witwenbuckel". Der Kopf wird vorgestreckt oder sackt zwischen den vorgefallenen Schultern ein. Etwa vom 25. Lebensjahr an entwickelt sich der Mensch nur noch in eine Richtung, nach unten. Bis zu seinem 40. Lebensjahr büßt er etwa 3 Millimeter seiner Größe ein, bedingt durch das Schrumpfen der Bandscheiben, wodurch auch die Wirbelknochen zusammenrücken. Vom 40. Lebensjahr an, beugt sich der Körper ganz langsam nach vorne. Frauen können vom 20. bis zum 70. Lebensjahr um ca. 5 cm schrumpfen, Männer dagegen nur um die Hälfte.
Frauen, insbesondere schlanke, sind anfälliger für den Verlust von Knochensubstanz, der nach den Wechseljahren einsetzt.
Auch die Geschwindigkeit, mit der der Körper in Ruhestellung Nahrung zu Energie umwandelt, wird pro Jahrzehnt ab dem 20. Lebensjahr um 3% weniger. Ältere Menschen essen aber meistens genausoviel wie im Alter von 20 Jahren und legen selbstverständlich an Gewicht zu. Muskelsubstanz geht dabei verloren und wird durch Fett ersetzt. Es gibt eigentlich keine Entschuldigung dafür, daß ein Mensch mit

40, 50, 60 oder 70 Jahren ein anderes Gewicht hat als mit 20 Jahren. Es müßte einfach nur die Nahrung, die aufgenommen wird, sukzessive reduziert und der Körper regelmäßig bewegt werden.
Das Knochengerüst ist nur hart und elastisch, wenn es dauernd beansprucht wird. Knochen stützen den Körper, produzieren die roten Blutkörperchen, speichern 99 Prozent des körpereigenen Kalziums und horten Phosphor.
Im Alter bieten sich dafür Yogaübungen an. Sie können zu Hause ohne viel Aufwand gemacht werden. Sie können so ausgewählt werden, wie der Übende imstande ist, sie auszuführen. Besonders geeignet: „Dehnübung" und „Kreuzübung" aus dem Yoga-Lexikon.
Versorgungsstraßen für Blutgefäße und Nervenfasern durchziehen deine Knochen. Das Blut ernährt sie und schafft die beim Umbau des Knochens übriggebliebenen Abfallprodukte fort. Dieser Ablauf von Abbau und Wiederaufbau sorgt für den Erhalt eines starken Knochengerüstes. Jede Yogaübung entspannt und spannt das Muskelkleid und jeder Muskel, der den Knochen beansprucht, zwingt ihn dazu, stark und elastisch zu bleiben.

Ursachen von Knochenschwund können sein:
Mangelnde Bewegung
Übermäßig viel tierisches Eiweiß
Untergewicht (1.70 m groß = Idealgewicht 60 kg)
Übermäßiger Alkoholgenuß
Starker Kaffeekonsum
Übermäßiges Rauchen
Knochenschwund in der eigenen Familie (unbedingt vorbeugen mit Übungen wie „Dehnübung" und „Kreuzübung").

Ernährung, vorbeugend gegen Knochenschwund

Kalzium ist der Eckstein jeder Ernährung zur Verhinderung von krankhaftem Knochenschwund.
Den *höchsten Kalziumgehalt* bieten Milch und Milchprodukte der Magerstufe. Käse mit 15% – 35%, Streichkäse 9%. Besonders wenn man älter wird, *muß man genügend Magermilchprodukte* im täglichen Speiseplan haben.
Zu achten ist auch darauf, daß der *Phosphorgehalt das Kalziumangebot nicht übersteigt.* Unbedingt zu meiden sind:
Fleisch und Wurstwaren
Fleischprodukte – Suppenwürfel usw.
Alle Getränke, außer Wasser und ungezuckerte Tees.

Alle anderen Getränke sind *Nahrung.* Tatsache ist, daß Vegetarier, die Milchprodukte der Magerstufe essen, festere Knochen haben als andere, die sich fleischreich ernähren. Unter *natürlicher Nahrung* versteht ein Milchvegetarier die Nahrung, die auch ein Yogi vorzieht. Alle Samen von Früchten und Bäumen, wie Nüsse usw. Alle Gemüse, Milch von Kuh, Ziege, Schaf und die daraus erzeugten Milchprodukte, ab und zu ein Ei.

Kalziumräuber Eiweiß

Hoher Eiweißkonsum führt zu enormen Kalziumverlusten. Ebenso ist es mit zuviel Salz, starkem Kaffee und Vollkornkost (Haferschrot, Kleie, äußere Hüllen von Getreidekörnern). Streß und übermäßiger Alkoholgenuß können zusätzliche Kalziumräuber sein.

Die wichtigsten Kalziumquellen:

Getrocknete Bohnen
Broccoli
Endiviensalat
Fenchel
Grünkohl
Getrocknete Feigen
Knäckebrot
Weißbrot
Haferflocken
Magermilch
Emmentaler
Schmelzkäse
Magerquark
Joghurt
jedes Gemüse
Milchschokolade
Honig
Butter
Kondensmilch
Frische Kuhmilch
Buttermilch
Brötchen
Zwieback
Nudeln
Edamer-Käse
Alle getrockneten Früchte

Gesicht und Gesichtshaut

Das Gesicht strahlt die Gedankengänge seines Besitzers aus, gleichgültig, wie jung oder alt er ist. Schon ein angedeutetes Lächeln genügt, um ein Gesicht ansprechender und jünger erscheinen zu lassen.
Die Gesichtshaut zeugt vom Alter des Besitzers. Mit der Zeit nimmt der Wassergehalt der Haut ab, ein Teil der Dehnbarkeit der Haut geht dadurch verloren. Unerbittlich schädigen Sonnenstrahlen die elastischen Fasern unter der Oberhaut. Vom Blinzeln in der Sonne bilden sich Falten in den Augenwinkeln, Lachfalten werden tiefer eingegraben, auch Stirnfalten werden im Alter tiefer. Im Alter wird die Haut dünner und erschlafft. Es gibt eine Yogaübung, die „Verjüngung der Wangen“ im Yoga-Lexikon, die diesen Vorgang bei täglicher Anwendung verzögert.

Glättend für die Haut sind „kalte Borwasserumschläge". Ein mit kaltem Borwasser (Eisschrank aufbewahren) befeuchtetes Tuch wird auf das Gesicht gelegt. Darüber ein Handtuch, das 10 bis 15 Minuten darauf liegen muß, bis sich die Haut mit Borwasser vollgesogen hat. Diese regelmäßige Feuchtigkeitszufuhr verjüngt nach einigen Tagen regelmäßiger Anwendung sichtbar die Haut.
Die Pigmentproduktion der Haut geht ebenfalls zurück; deutlich sichtbar, wenn die Haut ihre gleichmäßige Färbung verliert. Bei häufiger Sonnenbestrahlung wird sie zunehmend fleckig.

Folgeerscheinungen des veränderten Hormonhaushalts

Bei älteren Frauen kann die Stimme heiser und tiefer werden. Ein sich immer wiederholendes Hüsteln kann dich plagen, das ausgelöst wird durch das Nachlassen der Schwingungsfrequenz der Stimmbänder. Auch durch Ausscheidung von zu dicken oder zu dünnen Flüssigkeiten im Rachenraum kann Trockenheit im Gaumen, eine rinnende Nase oder Schnupfen ausgelöst werden.

Das Ziehen im Kreuz

Man muß abklären lassen, ob die Ursache ein Bandscheibenschaden, eine Verspannung durch einen Haltungsschaden oder bei der Frau eine Senkung der Gebärmutter, vielleicht auch eine Venenerkrankung, ist. Krampfadern und das Trockenwerden der Scheidenschleimhäute kann sehr starke und schmerzhafte Beschwerden hervorrufen. Schüler klagen über Beschwerden beim Stuhlgang, über unwillkürlichen Harnabgang, Druckgefühl nach unten in die Scheide, Ziehen in den Leisten und Hüftgelenken. Die genannten Ursachen können die beschriebenen Beschwerden auslösen.

Ausfluß

Beachtung ist jedem Ausfluß beizumessen. Ebenso muß eine Frau wissen, daß bei einer trockenen Scheide immer die Möglichkeit besteht, daß sich schnell Pilze und Keime einnisten. Beim Liebesverkehr können kleine Einrisse an der Schleimhaut zu geringfügigen Blutungen führen oder sich in einem rötlich gelben Ausfluß bemerkbar machen. Immer ist der Frauenarzt aufzusuchen. Besonders dann, wenn helle, starke Blutungen stattfinden.

Klangschwingungen

Sollen in einem gut gelüfteten, warmen Raum, der entweder sonnendurchflutet oder angenehm abgedunkelt ist, ausgeführt werden. Sitze auf einer zusammengelegten Decke oder in einem Sessel in bequemer Kleidung. Zur Heilbehandlung soll das Singen des ausgesuchten Lautes anfangs 5 Minuten, später 15 Minuten lang ausgeführt werden und zwar täglich. Am besten wirken die Übungen vor dem Schlafengehen.

Übung – Sing dich gesund (Seite 102)

iiiiiiii durchblutet die Haupthormondrüse. Reinigt das Gehirn, Nase und Ohren und löst durch die Wärme, die angenehm den Kopf durchströmt (die Übung heißt auch Leuchtender Kopf), Verspannungen im ganzen Kopfbereich

uuuuuuuu beeinflußt spürbar den Unterleib und das ganze Beckengeflecht. Durch Durchblutungsstörungen kommt es immer wieder zu Unterleibsschmerzen, die fälschlicherweise für Bandscheibenvorfall, Ischiasbeschwerden und Venenerkrankungen gehalten werden. Bei der ärztlichen Untersuchung ist meist keine dieser vermuteten Beschwerden nachzuweisen. Löst auch Spannungen im Blasenbereich (im Kalender aufschreiben, ob diese Unterleibsschmerzen nicht immer zu Zeiten des Eisprungs oder der Regel auftreten. Auch dann, wenn man keine Gebärmutter mehr hat, und keine Monatsblutungen mehr bekommt, sind diese Unterleibsschmerzen meist zu Neumond- oder Vollmondtagen verstärkt zu bemerken. Oft begleitet von absterbenden Füßen, kalten oder heißen Beinen, hartnäckigem Blähbauch und Verstopfung und Hitzewallungen. Frauen berichten von diesen regelmäßig auftretenden Beschwerden bis zum 84. Lebensjahr).

Hormonbehandlung, ja oder nein?

Es gibt Frauen, die allergisch auf Östrogene und Gestagene reagieren. Die Folgen sind Durchblutungsstörungen in den Beinvenen und im Beckenraum, erhöhter Cholesterinspiegel, Schwellungen und Rötung in der Scheide, starke Unterleibsschmerzen, die in beide Beine ausstrahlen, Magenkrämpfe und Durchblutungsstörungen in den Herzkranzgefäßen, juckende Ausschläge mit weißen Bläschen und Blutdruckschwankungen. Hier sollte auf eine Hormonbehandlung verzichtet werden. Hormonbehandlungen sind auch nicht zuträglich bei Frauen, die an einer thromboembolitischen Krankheit leiden, bei Leberschäden und nach Erkrankungen an Brustkrebs oder Unterleibskrebs; ebenso wird bei östrogenabhängigen Tumoren im Unterleib und an der Gebärmutter kein Frauenarzt an eine Hormonbehandlung denken.

Nicht erwiesen ist, daß die Hormonbehandlung den gefürchteten Knochenschwund zum Stillstand gebracht oder verbessert hat. Ich sehe Frauen ohne Hormonbehandlung und einem „Witwenbuckel" und ich kenne Frauen mit Hormonbehandlung und einem „Witwenbuckel". Und ich sehe sehr viele Frauen, die täglich ein gezieltes Übungsprogramm einhalten, und dadurch einen geraden Rücken bis ins hohe Alter behalten. Eines weiß ich von vielen Schülern. Wallungen und Gemütsverstimmungen bessern sich in den ersten 3 Jahren einer Hormonbehandlung, die Gelenkschmerzen werden teilweise schwächer.

Ob Östrogene und Gestagene das Zaubermittel sind, um Wechseljahre beschwerdefrei zu machen, ohne Nebenwirkungen auszulösen, wird man erst in ca. 30 Jahren wissen, wenn sich herausstellt, ob und welche Wirkung dieser gutgemeinte Eingriff in natürliche Vorgänge auslöst.

Jede Frau wird sich mit ihrem Arzt darüber unterhalten müssen, ob ihr eine Hormonbehandlung oder eine leichte Beruhigung mit Medikamenten angenehmer ist oder ob sie sich mit einer heiteren und zuversichtlichen Gedankeneinstellung, mit Diät, Bewegung, Atemübungen, Meditation und Kneippkuren beschäftigen soll, während sie älter wird.

Ausgleichend wirken immer Klimaveränderungen und das besonders bei Aufenthalten am Meer. Kuren, die Menschen wesentlich jünger aussehen lassen als sie sind, gibt es noch nicht. Die beste Kur ist es, daß du als Frau Freude daran findest, aus der Verantwortung für deine Kinder entlassen zu sein. Daß du dir wieder angewöhnst, dich selbst schön zu machen, dich zu pflegen, dich selbst und das Leben zu lieben, wieder mit deinem Partner ein wenig zu flirten und euer gemeinsames Leben gemütlicher und heiterer zu gestalten. Am schönsten wäre es, sich vorzunehmen, jetzt, wo eventuell mehr Zeit zu erübrigen ist, alles das „nicht zu tun, was dir in deinem bisherigen Leben Ärger und Leid gebracht hat!"
Nimm dir vor, dein Körperhaus so schön und strahlend zu erhalten wie möglich. Bemühe dich, deine „geistigen Energien, die darin wohnen, zu vermehren und dich selbst strahlender und gesunder zu formen."
Und denke daran: „Nichts ist so wesentlich – als ein gerader Rücken – eine aufrechte Wirbelsäule – ein daraus erarbeiteter freier und jugendlicher Gang – der dein Haupt hebt – und deine Gedanken jung und frei hinausstrahlen läßt!"

Handpositionen

Sollen als Heilbehandlung eine halbe oder eine ganze Stunde lang ausgeführt werden.
Um die Wirksamkeit der ausgesuchten Handpositionen noch zu verstärken, legt man eine Decke unter den Körper, lehnt sich mit dem Rücken sitzend an die Wand, läßt den Kopf ganz locker hängen, legt beide Hände in der ausgesuchten Handposition mit den Handflächen nach oben auf

die Oberschenkel und versucht in dieser Stellung bewegungslos in einen schlafähnlichen Zustand zu versinken.

Übung – Daumen–Zeigefinger (Seite 18)
Beeinflußt die Hirnanhangdrüse, welche über einen langen Zeitraum im Wechsel arteigene Wirkstoffe produziert, die auf dem Blutwege die beiden Eierstöcke zur vermehrten Eireifung anregen. Die Handposition harmonisiert das hormonelle Regelsystem und man fühlt sich gelassener und ruhiger.

Übung – Daumen–Ringfinger (Seite 22)
Strafft Gewebe und Haut. Wirksam dazu Dehnübung (Yoga-Lexikon)

Übung – Daumen–kleiner Finger (Seite 24)
Löst unerwünschte Wasseransammlungen

Kapitel XIII

Harmonie als Alters-Medizin

Atemübungen

Körperübungen

Klangschwingungen

Handpositionen

Das Alter: Zeit, Versäumtes nachzuholen?

Es sieht oft so aus, als meinten manche Menschen, die späten Jahre müßten dazu genützt werden, um Versäumtes nachzuholen. Allein die Vorstellung, daß man etwas versäumt hat und vor allem der Glaube, daß man etwas im Alter nachholen könnte, was man in der Jugend nicht erlebt hat, ist kein befriedigender Gedanke. In einer Zeit, in der der normale Rückgang körperlicher Kräfte einsetzt, kann jeder einzelne sinnvolle und kreative Betätigungen aufgreifen, die seinen körperlichen und finanziellen Möglichkeiten gerecht werden. Es verdüstert die Gedankengänge, wenn man über versäumte Gelegenheiten nachdenkt. Es macht niedergeschlagen und traurig. Alles, was das Gemüt belastet, alle melancholischen Erinnerungen und Selbstmitleid, schlechtes Benehmen dir gegenüber und Ungerechtigkeiten von Menschen in deiner Umgebung, alle unangenehmen Dinge, sollten schnell und für immer vergessen werden.

Wenn du Versäumtes nachholen möchtest, kann es kein Nachholen, sondern nur ein neues Erleben sein. Denn liest du ein Buch in jungen Jahren, ist es ein völlig anderes Buch als wenn du es in reifen Jahren liest. Weil deine Lebenserfahrung, die dich zu einer gereiften Persönlichkeit geformt hat, dich die gleichen Dinge anders betrachten läßt.

Mit dem Wissen, daß Versäumtes nicht nachzuholen ist, sondern jeder Tag neu erlebt wird, solltest du jedem neuen Tag mit Freude und Tatendrang entgegensehen. Bemühe dich um eine jugendliche Haltung, innerlich und äußerlich, einen den Möglichkeiten entsprechend geforderten und trainierten Körper, und um eine freundliche Ausstrahlung deinen Mitmenschen gegenüber.

Atemübungen

Sollen in einem gut gelüfteten Raum ausgeübt werden. Aber niemals in kalter Luft. Zur Heilbehandlung anfangs 5, später 15 Minuten täglich.

Übung – *Beobachte deinen Atem – Nabel* (Seite 52)
Beruhigt den Kreislauf. Stärkt das Abwehrsystem

Übung – *Der Berg* (Seite 157)
Wirkt erfrischend, dehnt den Brustkorb und die Zwischenrippenmuskeln, führt dem Körper mehr Sauerstoff zu. Besonders dann auszuführen, wenn es im Freien kalt ist. Im Freien einen Schal vor den Mund halten, damit die Atemluft warm in die Atemwege eingeatmet wird.

Welche Talente verbirgst du?

Bevor du aus der Verlegenheit heraus, irgendetwas tun zu müssen, den Tag ungenutzt verstreichen läßt, versuche etwas Neues dazuzulernen. Ein Geist, der rastet, rostet. Fordere die schöpferische Kraft, die in dir schlummert, heraus, nach einiger Zeit wirst du über deinen Einfallsreichtum staunen. Jeder freie Abend wird dir zu kurz sein, um das mit Freude Begonnene zu vollenden.

Welches Talent ist dir geschenkt worden? Es gibt nicht einen Menschen, der kein Talent sein eigen nennt. Ist es die Freude am Zeichnen und Malen, am Nähen und Handwerken, am Gärtnern oder einfach die Fähigkeit, mit Menschen umgehen zu können.
Spring über deinen Schatten. Frage den Geistlichen deiner Gemeinde um Rat. Besuche jemanden, der niemand mehr hat, im Krankenhaus. Begleite jemanden ins Konzert oder biete dich als Begleitung für einen Theaterbesuch an. Suche den Kontakt zu anderen, alleinstehenden Menschen und verbringe die Feiertage mit ihnen zusammen.

Körperübungen

Sollen als Heilbehandlung täglich 15 Minuten ausgeführt werden. Der Raum, in dem man sich einmal am Tag Ruhe für Geist, Seele und Körper gönnt, soll warm, eventuell abgedunkelt sein und vielleicht von Aromaduft durchströmt. Kerzenlicht und Blumen vermitteln immer schöne Gedankenbilder.

Übung – *Entspannung im Bett* (Seite 138)
Vor dem Einschlafen und vor dem Aufstehen wird der Rücken angenehm vorgewärmt. Bitte immer auf ein warmes Schlafzimmer achten 18 – 20 Grad.

Übung – *Rückenverspannungen lösen* (Seite 42)
Auf weicher Unterlage, zum Beispiel einer oder zwei zusammengelegten Decken bequem liegen. Zum vorwärmen die Füße vom Kniegelenk aus hin und her schwingen, ohne daß sich anfangs der

Kopf und Nackenbereich hebt. Erst angewärmt die Übung ausführen. Die Bandscheiben werden durch diese Übung ernährt, der Rückenbereich nachhaltig massiert und gelockert.

Übung – Schulterverspannungen lösen
Nie vergessen, wenn man lange gesessen hat und seine steifen Gelenke lockern soll.

Wer nicht einsam sein will, muß andere auffordern, sich ihm anzuschließen. Das ist auch der große Erfolg aller Selbsthilfegruppen, gleichgültig, wofür sie ins Leben gerufen wurden. Sie führen Menschen zusammen. Nicht Männer oder Frauen – sondern Menschen – suchen einander, und zeigen, daß sie an anderen interessiert sind.
Zwei ältere Damen in Wien gründeten für alleinstehende Senioren eine Lebensgemeinschaft, die auch von älteren Menschen übernommen wurde, als man den Erfolg dieses Lebensmodells erkannte.

Bevorzugte Übung im reifen Alter

Öfter am Tag eine Schale Kräutertee zum Befeuchten der Kehle tut gut. Bei Schlafschwierigkeiten ein Glas warmen Rotwein mit Traubenzucker als Schlaftrunk.

Übung – Tiefe Ruhe durch „OM“ (Seite 105)
Erfrischt das Nervensystem. Man fühlt sich ausgeglichen und angenehm ruhig.

Tausendundeine Erkrankungen (Vegetative Distonie)

Unter diesem Sammelbegriff verbergen sich viele unterschiedliche Beschwerden; eins aber haben alle Beschwerden gemeinsam; sie sind meistens ohne nachweisbare Organschädigung.

Kreislaufstörungen, nervöse Erschöpfungen, nervöse oder hormonelle Regulationsstörungen sind die Symptome; dazu versuchen ungelöste Alltagsprobleme sich in organisch nachgespielten Krankheiten Aufmerksamkeit zu verschaffen.

Solche Beschwerden sind ein verwirrendes, buntes Bild. Trotzdem sagt der Schüler: Genau das habe ich auch!

Aber meistens zeigt das Röntgenbild, das EKG oder die Laboruntersuchung, daß den Organen des Körpers überhaupt nichts fehlt.

Bei der Behandlung dieser Symptome haben wir unter anderem beste Erfolge damit, dem Schüler klar zu machen, daß auch andere Menschen an dieser Krankheit leiden, und wir raten verstärkt zu Beschäftigungen im Freien, wie z. B. Radfahren. Auch haben Yogaübungen, dem Temperament des Schülers entsprechend ausgewählt, wie Atemübungen, vor dem Schlafengehen angewandt, große Erfolge gezeigt. Da „Angst“ offensichtlich ein wesentlicher Bestandteil dieser Krankheit ist, hilft es, wenn ein Wasserglas am Nachttisch bereit steht, um die vom Arzt verschriebenen Beruhigungstabletten einzunehmen, oder das Telefon für einen Hilferuf problemlos zu erreichen ist.

Wenn diese kleinen Hilfsmaßnahmen eingehalten wer-,den, und die Beruhigungstabletten immer mitgeführt werden, braucht der Kranke diese immer weniger und wird sie eines Tages vergessen einzunehmen, da seine Angst besiegt ist.

Die Funktion des Herzens im Alter

Wenn du älter wirst, benötigen die Nieren die doppelte Zeit zum Filtern des Blutes. Die Lunge muß angestrengter arbeiten, die Atemzüge werden flacher. Das Gewebe um den Brustkorb herum verhärtet sich und schränkt damit die Dehnung der Lunge ein. Weniger Sauerstoff wird aufgenommen und das Herz braucht länger, um den Sauerstoff mit dem Blut durch die Versorgungsstraßen zu pumpen. Die weißen Blutkörperchen büßen immer mehr die Fähigkeit ein, die Wände der Atemwege zu säubern.
Eines der dringlichsten Anliegen von Yoga ist es, den Brustkorb elastisch zu erhalten. Die Yogavollatmung dient dazu, und alle Yogaübungen, welche die Atmungsorgane und die Rückenmuskulatur stärken, sollen dabei helfen, das Gewebe um den Brustkorb herum so elastisch wie möglich zu erhalten.

Übung – *Yogavollatmung mit allen Abläufen* (Seite 88)
Unerläßlich zur vermehrten Sauerstoffzufuhr – zur Stärkung der Abwehrkräfte – zur Vorbeugung gegen Müdigkeit.

Klangschwingungen

Zur Heilbehandlung täglich 10 – 15 Minuten den ausgesuchten Laut singen. Sehr angenehm vor dem Schlafengehen.

Ältere Leute sollten öfters kleine Mahlzeiten zu sich nehmen und wissen, daß jede Nahrungsaufnahme nach 18 Uhr das Herz belastet.

Zu vermeiden sind große Aufregungen und Angst. Auch das gesündeste und widerstandsfähigste Herz versagt durch übermäßig aufreibende oder auf Dauer belastende Zustände seinen Dienst.
Frauen haben oft ein widerstandsfähigeres Herz und erreichen heute ein Durchschnittsalter von 78 Jahren. Nichts stärkt ein Herz nachhaltiger, als wenn du selbst anderen Menschen Freude bereiten kannst, und lernst, dich durch die Eindrücke über die 5 Sinne mit Liebe, Zärtlichkeit und Schönheit zu versorgen.
Ordnung ist das halbe Leben, das gilt besonders für dein Herz. Es fühlt sich am wohlsten, wenn die großen und kleinen Lebensabläufe im harmonischen Bahnen ablaufen. Der Erholungsfunktion während des Schlafes fällt für die Regeneration des Herzens und des Gehirns eine große Bedeutung zu. Vor allem ausreichender Schlaf und regelmäßige Schlafzeiten nehmen in der Herzfürsorge den ersten Platz ein.
Vor dem Schlafengehen also keine aufregenden Filme, Streitgespräche und keine späten Mahlzeiten. Und auch, wie erwähnt, kein kaltes und ungemütliches Schlafzimmer mit der Ausstrahlung eines Abstellraumes.
Noch vor 50 Jahren, und das ist noch nicht lange her, war der Herzinfarkt eine medizinische Seltenheit. Heute gehört der Herzinfarkt zu den häufigsten Todesarten der zivilisierten Bevölkerung. Das gefährlichste Alter dafür ist das 55. Lebensjahr. Jede Meditationsform jedoch, wie zum Beispiel die gezeigten Harmonieübungen, oder die im Yoga Lexikon vorgeschlagenen, vermögen innerhalb einer Viertelstunde *Blutdruck, Sauerstoffverbrauch* und *Kohlendioxidproduktion* so weit zu regeln, wie es sonst nur durch stundenlangen Schlaf geschieht.
Mit diesen, dafür ausgesuchten Yogaübungen läßt sich die Herztätigkeit auf 30 oder weniger Schläge pro Minute senken – allein durch die eigene Willenskraft.

Handpositionen

Sollen als Heilbehandlung eine halbe oder eine ganze Stunde lang ausgeführt werden. Um die Wirksamkeit der ausgesuchten Handpositionen noch zu verstärken, legt man sich auf eine Liege, der Kopf wird bequem von einem Polster gestützt.
Die beiden Hände liegen rechts und links neben dem Körper in der ausgesuchten Handposition, die Handflächen zeigen nach oben. In dieser Stellung liegt man bewegungslos. Zur Vertiefung der Atmung denkt man sich während des Einatmens (durch die Nase) den heilenden, verjüngenden Laut *„HAM"*, läßt ihn im ganzen Gefäßsystem wie prickelnden Strom wirken und atmet dann aus (durch die Nase), während man sich den beruhigenden und reinigenden Laut *„SA"* vorstellt, der das Gefäßsystem elastisch schwingen läßt.
Handpositionen können auch sitzend oder im Bett ausgeübt werden. Die Raumtemperatur sollte immer 20 Grad haben.

1. Übung – *Daumen Zeigefinger* (Seite 18)
Vermehrt die Durchblutung aller im Inneren des Schädels gelegenen Organe

2. Übung – *Daumen Mittelfinger* (Seite 20)
Stimuliert das Gehör, verbessert die Hörfähigkeit und läßt Ohrgeräusche abklingen

3. Übung – *Daumen Ringfinger* (Seite 22)
Stärkt das Knochengewebe und die Muskeln

Um die Heilbehandlung noch wirksamer zu machen, spannt man den Körperteil, der mit heilender Energie versorgt werden soll, leicht an, läßt ganz locker los, spürt die prickelnde Energie und läßt sie wirken, bis man wieder ausatmet. Man wiederholt dieses – *leichte Anspannen – dann ganz langsam lockerlassen* – bis sich Wärme oder Hitze in dem Körperteil ausbreitet, den man mit heilender Lebensenergie versorgen möchte.

Wenn du dein Herz schonen möchtest, solltest du dich bewußt von negativen Geschehnissen abwenden, von denen du genau weißt, daß sie dich krank machen können. *„Liebe"* sollst du sehen in dir, in der Natur, in jedem Tier, in jeder Nahrung, die uns die Natur schenkt.
„Zärtlichkeit" sollst du aufnehmen von den Menschen, die dir gut gesinnt sind und dich lieben und von den Tieren, die dich im Leben begleiten und dir ihre Treue schenken.
„Schönheit" sollst du sehen in allem, was dir begegnet, und wo du sie nicht findest, versuche sie zu entdecken.

Du lebst im Zeitalter der Angst

Die Menschheit nähert sich dem Jahr 2000. Ein Zeitalter, in dem die Angst und die Unsicherheit vor der Zukunft zunimmt. Jeder möchte sehr alt werden, selbst zum Preis jämmerlicher Lebensqualität durch künstlich verlängertes Siechtum.
Mit geschickten Tricks und Tips wird die Bevölkerung angewiesen, schon in jungen Jahren mit der Vorsorge für die späten Lebensjahrzehnte zu beginnen. Früher einmal war es selbstverständlich, im Kreise seiner Familie alt zu werden. Die Angst, daß man sein Alter nicht mehr mit seiner Familie, oder in seinen eigenen vier Wänden verbringen könnte, wird für einträgliche Geschäftspraktiken genützt.
Es ist üblich, daß man sich bereits in den besten Lebensjahren einen Platz in einem Pensionisten-Wohnheim reserviert. Die Wartelisten sind lang, obgleich sich nur begüterte Menschen einen solchen Platz leisten können, der oft mehr kostet, als ein durchschnittlicher Familienvater verdient!
Ob es nicht sinnvoller wäre, und vor allem menschlicher, seinen Kindern, Enkeln, Verwandten oder Freunden, den Vorschlag zu machen, für die gleich hohe Summe, die ein Platz im Altersheim kosten würde, einen älteren Menschen im Kreise einer Familie aufzunehmen, die durch diesen finanziellen Zuschuß das Leben aller Familienmitglieder sorgloser gestalten könnte.

Du hast jede Freiheit der Entscheidung

Du brauchst wie jeder Mensch Zärtlichkeit, Liebe und Schönheit um dich. Du mußt ein Leben lang diese Ur-Eigenschaften in dir pflegen, bis sie sich in deinem Äußeren zeigen.

Ist dir das gelungen, sieht man dir von weitem die Ureigenschaften an. Sie hüllen dich ein und geben dir eine sichtbare Austrahlung, die jeder wahrnimmt, der dir begegnet. Solch eine erworbene Austrahlung läßt Menschen alterslos jung erscheinen. Ob sie reich oder arm, gesund oder krank sind, immer wird ihre Nähe von anderen Menschen gesucht, und jeder hält sich gerne in ihrer Gesellschaft auf.

Als einziges Lebewesen dieses Planeten ist der Mensch in der Lage, sich durch Gefühle, Gedanken und Worte selbst zu beeinflussen. Es ist ihm möglich, sich durch seine eigene Entscheidung zufrieden oder unzufrieden zu fühlen. Als einziges Lebewesen hat er auch „die Freiheit", selbst zu entscheiden, ob er leben oder sterben will.

Der Tod ist ihm zwar gewiß, nur die Stunde ist ungewiß, außer der Mensch bestimmt sie selbst. Diese Freiheit der Entscheidung ist etwas Phantastisches und Einmaliges. Die Schöpfung hat dem Menschen damit alle Möglichkeit zur freien Entscheidung gegeben. Gleichgültig, ob dich Elend trifft oder dir Glück entgegentritt, immer entscheidest du alleine – wie du die augenblickliche Lage – mit deinen Gefühlen – Gedanken – Worten und Handlungen leitest.

Tiefgläubige Menschen würden jeden bedauern, den der Tod plötzlich und ohne wache Einsicht abberuft. Wie sollte er seinen Frieden mit Gott machen. Ist ihm das aber gelungen, wird der Mensch wieder in harmonische, ursprüngliche Zustände zurückfinden. Er wird in das Paradies zurückkehren, wo sich jeder Stein, jede Pflanze, jedes Tier und jeder Mensch nur geistig ernährt.